"问道·强国之路"丛书　　主编＿董振华

刘儒　拓巍峰——主编

建设数字中国

中国青年出版社

"问道·强国之路"丛书

出版说明

为中国人民谋幸福、为中华民族谋复兴，是中国共产党的初心使命。

中国共产党登上历史舞台之时，面对着国家蒙辱、人民蒙难、文明蒙尘的历史困局，面临着争取民族独立、人民解放和实现国家富强、人民富裕的历史任务。

"蒙辱""蒙难""蒙尘"，根源在于近代中国与工业文明和西方列强相比，落伍、落后、孱弱了，处处陷入被动挨打。

跳出历史困局，最宏伟的目标、最彻底的办法，就是要找到正确道路，实现现代化，让国家繁荣富强起来、民族振兴强大起来、人民富裕强健起来。

"强起来"，是中国共产党初心使命的根本指向，是近代以来全体中华儿女内心深处最强烈的渴望、最光辉的梦想。

　　从1921年红船扬帆启航，经过新民主主义革命、社会主义革命和社会主义建设、改革开放和社会主义现代化建设、中国特色社会主义新时代的百年远征，中国共产党持续推进马克思主义基本原理同中国具体实际相结合、同中华优秀传统文化相结合，在马克思主义中国化理论成果指引下，带领全国各族人民走出了一条救国、建国、富国、强国的正确道路，推动中华民族迎来了从站起来、富起来到强起来的伟大飞跃。

　　一百年来，从推翻"三座大山"、为开展国家现代化建设创造根本社会条件，在革命时期就提出新民主主义工业化思想，到轰轰烈烈的社会主义工业化实践、"四个现代化"宏伟目标，"三步走"战略构想，"两个一百年"奋斗目标，中国共产党人对建设社会主义现代化强国的孜孜追求一刻也没有停歇。

　　新思想领航新征程，新时代铸就新伟业。

　　党的十八大以来，中国特色社会主义进入新时代，全面"强起来"的时代呼唤愈加热切。习近平新时代中国特色社会主义思想立足实现中华民族伟大复兴战略全局和世界百年未有之大变局，深刻回答了新时代建设什么样的社会主义现代化强国、怎样建设社会主义现代化强国等重大时代课题，擘画了建设社会主义现代化强国的宏伟蓝图和光明前景。

　　从党的十九大报告到党的十九届五中全会通过的《中共中央关于制定国民经济和社会发展第十四个五年规划和二〇三五年远景目标的建议》、党的十九届六中全会通过的《中共中央关于党的百年奋斗重大成就和历史经验的决议》，建设社会主义现代化强国的号角日益嘹亮、目标日益清晰、举措日益坚实。在以习近平同志为核心的党中央的宏伟擘画中，"人才强国"、"制造强国"、"科技强国"、"质量强国"、"航天强国"、"网络强国"、"交通强国"、"海洋强国"、"贸易强国"、"文化强国"、"体育强国"、"教育强国",以及"平安中国"、"美丽中国"、"数字中国"、"法治中国"、"健康中国"等,一个个强国目标接踵而至,一个个美好愿景深入人心,一个个扎实部署深入推进,推动各个领域的强国建设按下了快进键、迎来了新高潮。

"强起来",已经从历史深处的呼唤,发展成为我们这个时代的最高昂旋律;"强国建设",就是我们这个时代的最突出使命。为回应时代关切,2021年3月,我社发起并组织策划出版大型通俗理论读物——"问道·强国之路"丛书,围绕"强国建设"主题,系统集中进行梳理、诠释、展望,帮助引导大众特别是广大青年学习贯彻习近平新时代中国特色社会主义思想,踊跃投身社会主义现代化强国建设伟大实践,谱写壮美新时代之歌。

"问道·强国之路"丛书共17册,分别围绕党的十九大报告等党的重要文献提到的前述17个强国目标展开。

丛书以习近平新时代中国特色社会主义思想为指导,聚焦新时代建设什么样的社会主义现代化强国、怎样建设社会主义现代化强国,结合各领域实际,总结历史做法,借鉴国际经验,展现伟大成就,描绘光明前景,提出对策建议,具有重要的理论价值、宣传价值、出版价值和实践参考价值。

丛书突出通俗理论读物定位,注重政治性、理论性、宣传性、专业性、通俗性的统一。

丛书由中央党校哲学教研部副主任董振华教授担任主编,红旗文稿杂志社社长顾保国担任总审稿。各分册编写团队阵容权威齐整、组织有力，既有来自高校、研究机构的权威专家学者，也有来自部委相关部门的政策制定者、推动者和一线研究团队；既有建树卓著的资深理论工作者，也有实力雄厚的中青年专家。他们以高度的责任、热情和专业水准，不辞辛劳，只争朝夕，潜心创作，反复打磨，奉献出精品力作。

在共青团中央及有关部门的指导和支持下，经过各方一年多的共同努力，丛书于近期出版发行。

在此，向所有对本丛书给予关心、予以指导、参与创作和编辑出版的领导、专家和同志们诚挚致谢！

让我们深入学习贯彻习近平新时代中国特色社会主义思想，牢记初心使命，盯紧强国目标，奋发勇毅前行，以实际行动和优异成绩迎接党的二十大胜利召开！

中国青年出版社

2022年3月

"问道·强国之路"丛书总序：

沿着中国道路，阔步走向社会主义现代化强国

　　实现中华民族伟大复兴，就是中华民族近代以来最伟大的梦想。党的十九大提出到2020年全面建成小康社会，到2035年基本实现社会主义现代化，到本世纪中叶把我国建设成为富强民主文明和谐美丽的社会主义现代化强国。在中国这样一个十几亿人口的农业国家如何实现现代化、建成现代化强国，这是一项人类历史上前所未有的伟大事业，也是世界历史上从来没有遇到过的难题，中国共产党团结带领伟大的中国人民正在谱写着人类历史上的宏伟史诗。习近平总书记在庆祝改革开放40周年大会上指出："建成社会主义现代化强国，实现中华民族伟大复兴，是一场接力跑，我们要一棒接着一棒跑下去，每一代人都要为下一代人跑出一个好成绩。"只有回看走过的路、比较别人的路、远眺前行的路，我们才能够弄清楚我

们为什么要出发、我们在哪里、我们要往哪里去，我们也才不会迷失远航的方向和道路。"他山之石，可以攻玉。"在建设社会主义现代化强国的历史进程中，我们理性分析借鉴世界强国的历史经验教训，清醒认识我们的历史方位和既有条件的利弊，问道强国之路，从而尊道贵德，才能让中华民族伟大复兴的中国道路越走越宽广。

一、历经革命、建设、改革，我们坚持走自己的路，开辟了一条走向伟大复兴的中国道路，吹响了走向社会主义现代化强国的时代号角。

党的十九大报告指出："改革开放之初，我们党发出了走自己的路、建设中国特色社会主义的伟大号召。从那时以来，我们党团结带领全国各族人民不懈奋斗，推动我国经济实力、科技实力、国防实力、综合国力进入世界前列，推动我国国际地位实现前所未有的提升，党的面貌、国家的面貌、人民的面貌、军队的面貌、中华民族的面貌发生了前所未有的变化，中华民族正以崭新姿态屹立于世界的东方。"中国特色社会主义所取得的辉煌成就，为中华民族伟大复兴奠定了坚实的基础，中国特色社会主义进入了新时代。这意味着中国特色社会主义道路、理论、制度、文化不断发展，拓展了发展中国家走向现代化的途径，给世界上那些既希望加快发展又希望保持自身独立性的国家和民族提供了全新选择，为解决人类问题贡献了中国智慧和中国方案，同时也昭示着中华民族伟大复兴的美好前景。

新中国成立七十多年来，我们党领导人民创造了世所罕见的经济快速发展奇迹和社会长期稳定奇迹，以无可辩驳的事实宣示了中国道路具有独特优势，是实现伟大梦想的光明大道。习近平总书记在《关于〈中共中央关于制定国民经济和社会发展第十四个五年规划和二〇三五年远景目标的建议〉的说明》中指出："我国有独特的政治优势、制度优势、发展优势和机遇优势，经济社会发展依然有诸多有利条件，我们完全有信心、有底气、有能力谱写'两大奇迹'新篇章。"但是，中华民族伟大复兴绝不是轻轻松松、敲锣打鼓就能实现的，全党必须准备付出更为艰巨、更为艰苦的努力。

过去成功并不意味着未来一定成功。如果我们不能找到中国道路成功背后的"所以然"，那么，即使我们实践上确实取得了巨大成功，这个成功也可能会是偶然的。怎么保证这个成功是必然的，持续下去走向未来？关键在于能够发现背后的必然性，即找到规律性，也就是在纷繁复杂的现象背后找到中国道路的成功之"道"。只有"问道"，方能"悟道"，而后"明道"，也才能够从心所欲不逾矩而"行道"。只有找到了中国道路和中国方案背后的中国智慧，我们才能够明白哪些是根本的因素必须坚持，哪些是偶然的因素可以变通，这样我们才能够确保中国道路走得更宽更远，取得更大的成就，其他国家和民族的现代化道路才可以从中国道路中获得智慧和启示。唯有如此，中国道路才具有普遍意义和世界意义。

二、世界历史沧桑巨变，照抄照搬资本主义实现强国是没有出路的，我们必须走出中国式现代化道路。

现代化是18世纪以来的世界潮流，体现了社会发展和人类文明的深刻变化。但是，正如马克思早就向我们揭示的，资本主义自我调整和扩张的过程不仅是各种矛盾和困境丛生的过程，也是逐渐丧失其生命力的过程。肇始于西方的、资本主导下的工业化和现代化在创造了丰富的物质财富的同时，也拉大了贫富差距，引发了环境问题，失落了精神家园。而纵观当今世界，资本主义主导的国际政治经济体系弊端丛生，中国之治与西方乱象形成鲜明对比。照抄照搬西方道路，不仅在道义上是和全人类共同价值相悖的，而且在现实上是根本走不通的邪路。

社会主义是作为对资本主义的超越而存在的，其得以成立和得以存在的价值和理由，就是要在解放和发展生产力的基础上，消灭剥削，消除两极分化，最终实现共同富裕。中国共产党领导的社会主义现代化，始终把维护好、发展好人民的根本利益作为一切工作的出发点，让人民共享现代化成果。事实雄辩地证明，社会主义现代化建设不仅造福全体中国人民，而且对促进地区繁荣、增进各国人民福祉将发挥积极的推动作用。历史和实践充分证明，中国特色社会主义不仅引领世界社会主义走出了苏东剧变导致的低谷，而且重塑了社会主义与资本主义的关系，创新和发展了科学社会主义理论，用实践证明了马克思主义并没有过时，依然显示出科学思想的伟力，对世界社会主义发展具有深远历史意义。

从现代化道路的生成规律来看，虽然不同的民族和国家在谋求现代化的进程中存在着共性的一面，但由于各个民族和国家存在着诸多差异，从而在道路选择上也必定存在诸多差异。习近平总书记指出："世界上没有放之四海而皆准的具体发展模式，也没有一成不变的发展道路。历史条件的多样性，决定了各国选择发展道路的多样性。"中国道路的成功向世界表明，人类的现代化道路是多元的而不是一元的，它拓展了人类现代化的道路，极大地激发了广大发展中国家"走自己道路"的信心。

三、中国式现代化遵循发展的规律性，蕴含着发展的实践辩证法，是全面发展的现代化。

中国道路所遵循的发展理念，在总结发展的历史经验、批判吸收传统发展理论的基础上，对"什么是发展"问题进行了本质追问，从真理维度深刻揭示了发展的规律性。发展本质上是指前进的变化，即事物从一种旧质态转变为新质态，从低级到高级、从无序到有序、从简单到复杂的上升运动。在发展理论中，"发展"本质上是指一个国家或地区由相对落后的不发达状态向相对先进的发达状态的过渡和转变，或者由发达状态向更加发达状态的过渡和转变，其内容包括经济、政治、社会、科技、文化、教育以及人自身等多方面的发展，是一个动态的、全面的社会转型和进步过程。发展不是一个简单的增长过程，而是一个在遵循自然规律、经济规律和社会规律基础上，通过结构优化实现的质的飞跃。

发展问题表现形式多种多样，例如人与自然关系的紧张、贫富差距过大、经济社会发展失衡、社会政治动荡等，但就其实质而言都是人类不断增长的需要与现实资源的稀缺性之间的矛盾的外化。我们解决发展问题，不可能通过片面地压抑和控制人类的需要这样的方式来实现，而只能通过不断创造和提供新的资源以满足不断增长的人类需要的路径来实现，这种解决发展问题的根本途径就是创新。改革开放40多年来，我们正是因为遵循经济发展规律，实施创新驱动发展战略，积极转变发展方式、优化经济结构、转换增长动力，积极扩大内需，实施区域协调发展战略，实施乡村振兴战略，坚决打好防范化解重大风险、精准脱贫、污染防治的攻坚战，才不断推动中国经济更高质量、更有效率、更加公平、更可持续地发展。

发展本质上是一个遵循社会规律、不断优化结构、实现协调发展的过程。协调既是发展手段又是发展目标，同时还是评价发展的标准和尺度，是发展两点论和重点论的统一，是发展平衡和不平衡的统一，是发展短板和潜力的统一。坚持协调发展，学会"弹钢琴"，增强发展的整体性、协调性，这是我国经济社会发展必须要遵循的基本原则和基本规律。改革开放40多年来，正是因为我们遵循社会发展规律，推动经济、政治、文化、社会、生态协调发展，促进区域、城乡、各个群体共同进步，才能着力解决人民群众所需所急所盼，让人民共享经济、政治、文化、社会、生态等各方面发展成果，有更多、更直接、更实在的获得感、幸福感、安全感，不断促进人的全面发展、全体人民共同富裕。

人类社会发展活动必须尊重自然、顺应自然、保护自然，遵循自然发展规律，否则就会遭到大自然的报复。生态环境没有替代品，用之不觉，失之难存。环境就是民生，青山就是美丽，蓝天也是幸福，绿水青山就是金山银山；保护环境就是保护生产力，改善环境就是发展生产力。正是遵循自然规律，我们始终坚持保护环境和节约资源，坚持推进生态文明建设，生态文明制度体系加快形成，主体功能区制度逐步健全，节能减排取得重大进展，重大生态保护和修复工程进展顺利，生态环境治理明显加强，积极参与和引导应对气候变化国际合作，中国人民生于斯、长于斯的家园更加美丽宜人。

正是基于对发展规律的遵循，中国人民沿着中国道路不断推动科学发展，创造了辉煌的中国奇迹。正如习近平总书记在庆祝改革开放40周年大会上的讲话中所指出的："40年春风化雨、春华秋实，改革开放极大改变了中国的面貌、中华民族的面貌、中国人民的面貌、中国共产党的面貌。中华民族迎来了从站起来、富起来到强起来的伟大飞跃！中国特色社会主义迎来了从创立、发展到完善的伟大飞跃！中国人民迎来了从温饱不足到小康富裕的伟大飞跃！中华民族正以崭新姿态屹立于世界的东方！"

有人曾经认为，西方文明是世界上最好的文明，西方的现代化道路是唯一可行的发展"范式"，西方的民主制度是唯一科学的政治模式。但是，经济持续快速发展、人民生活水平不断提高、综合国力大幅提升的"中国道路"，充分揭开了这些违背唯物辩证法"独断论"的迷雾。正如习近平总书记在庆祝改革开放40周年大会上的讲话中所指出的："在中国这样一个有着5000多年文明史、13亿多人口的大国推进改革发展，没有可以奉为金科玉律的教科书，也没有可以对中国人民颐指气使的教师爷。鲁迅先生说过：'什么是路？就是从没路的地方践踏出来的，从只有荆棘的地方开辟出来的。'"我们正是因为始终坚持解放思想、实事求是、与时俱进、求真务实，坚持马克思主义指导地位不动摇，坚持科学社会主义基本原则不动摇，勇敢推进理论创新、实践创新、制度创新、文化创新以及各方面创新，才不断赋予中国特色社会主义以鲜明的实践特色、理论特色、民族特色、时代特色，形成了中国特色社会主义道路、理论、制度、文化，以不可辩驳的事实彰显了科学社会主义的鲜活生命力，社会主义的伟大旗帜始终在中国大地上高高飘扬！

四、中国式现代化是根植于中国文化传统的现代化，从根本上反对国强必霸的逻辑，向人类展示了中国智慧的世界历史意义。

《周易》有言："形而上者谓之道，形而下者谓之器。"每一个国家和民族的历史文化传统不同，面临的形势和任务不同，人民的需要和要求不同，他们谋求发展造福人民的具体路径当然可以不同，也必然不同。中国式现代化道路的开辟充分汲取了中国传统文化的智慧，给世界提供了中国气派和中国风格的思维方式，彰显了中国之"道"。

中国传统文化主张求同存异的和谐发展理念，认为万物相辅相成、相生相克、和实生物。《周易》有言："生生之谓易。"正是在阴阳对立和转化的过程中，世界上的万事万物才能够生生不息。《国语·郑语》中史伯说："夫和实生物，同则不继。以他平他谓之和，故能丰长而物归之；若以同裨同，尽乃弃矣。"《黄帝内经素问集注》指出："故发长也，按阴阳之道。孤阳不生，独阴不长。阴中有阳，阳中有阴。"二程（程颢、程颐）认为，对立之间存在着此消彼长的关系，对立双方是相互影响的。"万物莫不有对，一阴一阳，一善一恶，阳长而阴消，善增而恶减。"他们认为"消长相因，天之理也。""理必有对待，生生之本也。"正是在相互对立的两个方面相生相克、此消彼长的交互作用中，万事万物得以生成和毁灭，不断地生长和变化。这些思维理念在中国道路中也得到了充分的体现。中国道路主张合作共赢，共同发展才是真的发展，中国在发展过程中始终坚持互惠互利的原则，欢迎其他国家搭乘中国发展的"便车"。中国道路主张文明交流，一花独放不是春，世界正是因多彩而美丽，中国在国际舞台上坚持文明平等交流互鉴，反对"文明冲突"，提倡和而不同、兼收并蓄的理念，致力于世界不同文明之间的沟通对话。

中国传统文化主张世界大同的和谐理念，主张建设各美其美的和谐世界。为世界谋大同，深深植根于中华民族优秀传统文化之中，凝聚了几千年来中华民族追求大同社会的理想。不同的历史时期，人们都从不同的意义上对大同社会的理想图景进行过描绘。从《礼记》提出"天下为公，选贤与能，讲信修睦。故人不独亲其亲，不独子其子。使老有所终，壮有所用，幼有所长，鳏寡孤独废疾者皆有所养"的社会大同之梦，到陶渊明在《桃花源记》中描述的"黄发垂髫，并怡然自乐"的平静自得的生活场景，再到康有为《大同书》中提出的"大同"理想，以及孙中山发出的"天下为公"的呐喊，一代又一代的中国人，不管社会如何进步，文化如何发展，骨子里永恒不变的就是对大同世界的追求。习近平总书记强调："世界大同，和合共生，这些都是中国几千年文明一直秉持的理念。"这一论述充分体现了中华传统文化中的"天下情怀"。"天下情怀"一方面体现为"以和为贵"，中国自古就崇尚和平、反对战争，主张各国家、各民族和睦共处，在尊重文明多样性的基础上推动文明交流互鉴。另一方面则体现为合作共赢，中国从不主张非此即彼的零和博弈，始终倡导兼容并蓄的理念，我们希望世界各国能够携起手来共同应对全球挑战，希望通过汇聚大家的力量为解决全球性问题作出更多积极的贡献。

中国有世界观，世界也有中国观。一个拥有5000多年璀璨文明的东方古国，沿着社会主义道路一路前行，这注定是改变历史、创造未来的非凡历程。以历史的长时段看，中国的发展是一项属于全人类的进步事业，也终将为更多人所理解与支持。世界好，中国才能好。中国好，世界才更好。中国共产党是为中国人民谋幸福的党，也是为人类进步事业而奋斗的党，我们所做的一切就是为中国人民谋幸福、为中华民族谋复兴、为人类谋和平与发展。中国共产党的初心和使命，不仅是为中国人民谋幸福，为中华民族谋复兴，而且还包含为世界人民谋大同。为世界人民谋大同是为中国人民谋幸福和为中华民族谋复兴的逻辑必然，既体现了中国共产党关注世界发展和人类事业进步的天下情怀，也体现了中国共产党致力于实现"全人类解放"的崇高的共产主义远大理想，以及立志于推动构建"人类命运共同体"的使命担当和博大胸襟。

中华民族拥有在5000多年历史演进中形成的灿烂文明，中国共产党拥有百年奋斗实践和70多年执政兴国经验，我们积极学习借鉴人类文明的一切有益成果，欢迎一切有益的建议和善意的批评，但我们绝不接受"教师爷"般颐指气使的说教！揭示中国道路的成功密码，就是问"道"中国道路，也就是挖掘中国道路之中蕴含的中国智慧。吸收借鉴其他现代化强国的兴衰成败的经验教训，也就是问"道"强国之路的一般规律和基本原则。这个"道"不是一个具体的手段、具体的方法和具体的方略，而是可以为每个国家和民族选择"行道"之"器"提供必须要坚守的价值和基本原则。这个"道"是具有共通性的普遍智慧，可以启发其他国家和民族据此选择适合自己的发展道路，因而它具有世界意义。

路漫漫其修远兮，吾将上下而求索。"为天地立心，为生民立命，为往圣继绝学，为万世开太平"，是一切有理想、有抱负的哲学社会科学工作者都应该担负起的历史赋予的光荣使命。问道强国之路，为实现社会主义现代化强国提供智慧指引，是党的理论工作者义不容辞的社会责任。红旗文稿杂志社社长顾保国、中国青年出版社总编辑陈章乐在中央党校学习期间，深深沉思于问道强国之路这一"国之大者"，我也对此问题甚为关注，我们三人共同商定联合邀请国内相关领域权威专家一起"问道"。在中国青年出版社皮钧社长等的鼎力支持和领导组织下，经过各位专家学者和编辑一年的艰辛努力，几易其稿。这套丛书凝聚着每一位同仁不懈奋斗的辛勤汗水、殚精竭虑的深思智慧和饱含深情的热切厚望，终于像腹中婴儿一样怀着对未来的希望呱呱坠地。我们希望在强国路上，能够为中华民族的伟大复兴奉献绵薄之力。我们坚信，中国共产党和中国人民将在自己选择的道路上昂首阔步走下去，始终会把中国发展进步的命运牢牢掌握在自己手中！

是为序！

董振华

2022 年 3 月于中央党校

前　言

迈向21世纪，以数字化、网络化和智能化为突出特征的第四次科技革命持续、迅速发展，数字经济与人类社会不期而遇，成为继农业经济和工业经济之后的人类新经济范式和新经济时代。伴随数字产业化和产业数字化的深度演绎和全面发展，数字经济从根本上重塑人类生产方式、生活方式和人类社会经济结构。

改革开放以来，我国信息技术发展和信息化建设快速推进，为建设数字中国奠定了坚实基础。建设数字中国缘起于21世纪初时任福建省省长的习近平同志率先提出的建设"数字福建"。习近平总书记指出："长期以来，我一直重视发展数字技术、数字经济。2000年我在福建工作期间就提出建设'数字福建'，2003年在浙江工作期间又提出'数字浙江'。"[1]进入中

1.习近平：《不断做强做优做大我国数字经济》，载《求是》，2022年第2期。

国特色社会主义新时代，我国数字经济发展和建设数字中国全面驶入快车道。以习近平同志为核心的党中央高度重视发展数字经济，对数字中国建设用心甚专，用力甚勤，并将其上升为国家战略，作出一系列重大部署与超前布局，准确把握历史规律，牢牢掌握历史主动，交出了一份靓丽的历史答卷。2015年，党的十八届五中全会首次提出"国家大数据战略"，随后，《促进大数据发展行动纲要》发布。国家主席习近平在当年召开的第二届世界互联网大会开幕式上首次正式提出建设"数字中国"的倡议。2017年，《大数据产业发展规划（2016—2020年）》开始实施，2018年首届数字中国建设峰会在福建省福州市举行，习近平总书记在贺信中强调指出："加快数字中国建设，就是要适应我国发展新的历史方位，全面贯彻新发展理念，以信息化培育新动能，用新动能推动新发展，以新发展创造新辉煌。"2021年，《中华人民共和国国民经济和社会发展第十四个五年规划和2035年远景目标纲要》中明确提出要加快数字化发展，建设数字中国，以数字化转型整体驱动生产方式、生活方式和治理方式变革。此外还出台了一系列专项规划，如《"十四五"国家信息化规划》《数字乡村发展行动计划（2022—2025年）》等，新近出台的《"十四五"数字经济发展规划》更是成为我们国家首部数字经济发展和数字中国建设的国家规划。

2021年10月18日，习近平总书记在中共中央政治局第三十四次集体学习时指出，发展数字经济"是把握新一轮科技革命和产业变革新机遇的战略选择"。历经从"数字福建"到"数字中国"二十多年的发展，我国数字经济发展和数字中国建设取得了显著成果，2020年，我国数字经济核心产业增加值已占国内生产总值7.8%，达到7.8万亿元人民币。我国数字经济规模已经连续多年位居世界第二，数字中国建设为我国经济社会持续健康发展提供了强大动能。在全球经济增长疲软、新冠肺炎疫情蔓延扩散的严峻挑战下，数字技术和数字经济已成为我国缓解经济下行的压舱石、带动经济复苏的助推器和推动经济高质量发展的新引擎。

面对百年未有之大变局和日新月异的新科技革命发展，本书以习近平总书记关于数字中国建设重要论述为指导，以通俗语言，既回顾了以习近平同志为核心的党中央引领和推动数字中国建设的发展历程，又介绍了我国布局数字中国建设的战略蓝图；既总结了我国数字中国建设跨越式发展的骄人成就，又展望了"十四五"期间数字经济发展规划和2035年我国加快数字中国建设与发展的远景目标。以此启迪人们，尤其是青年一代，在新一轮科技革命和产业变革大潮中把握时代机遇，立足新发展阶段、贯彻新发展理念、构建新发展格局，找准自身定位，成为堪当大任的时代青年，积极投身数字中国建设，推进全面建设社会主义现代化国家伟大事业，迎接人民幸福，民族复兴"中国梦"的绚丽曙光。

第 1 章

迎接数字时代　建设数字中国

当今世界，信息技术创新日新月异，数字化、网络化、智能化深入发展，在推动经济社会发展、促进国家治理体系和治理能力现代化、满足人民日益增长的美好生活需要方面发挥着越来越重要的作用。……

加快数字中国建设，就是要适应我国发展新的历史方位，全面贯彻新发展理念，以信息化培育新动能，用新动能推动新发展，以新发展创造新辉煌。

——习近平总书记致首届数字中国建设峰会的贺信（2018年4月22日）

在2021年4月落下帷幕的第四届数字中国建设峰会上，一大批"黑科技"的种子撒向全国。全球第一个载人级自动驾驶飞行器、5G+8K的超高清视频应用、税务机器人、无人餐车、智慧茶园、VR教室等智能应用场景云集，展现着数字时代的万千气象。"凡益之道，与时偕行。"站在中国特色社会主义进入新时代的全新历史方位，加快建设数字中国，不仅是新时代国家信息化建设、高质量发展的关键要求，更是抢抓数字革命历史机遇、构筑国际竞争新优势的重要战略举措。数字中国战略顶层设计与立体布局的系统推进，必将激发起十四亿多中国人参与数字中国建设的伟力，数字浪潮必将在神州大地上写下浓墨重彩的时代新篇。

一、心中有"数"：从数字福建到数字中国

树高千丈必有根，江流万里必有源。向历史深处回望，我们会发现，发展路径的选择并不是随机的，更多的是科学的设计和饱含智慧的创造。数字中国建设萌发于全球信息化建设的浪潮之下，肇始于世纪之交"数字福建"的实践探索，并在党的十八大以来进入了数字化全面提速的快车道，有着坚实的实践基础和政策支持。[1]

（一）信息化浪潮：数字中国提出的时代背景

人类从七万年前踏出东非开始，便不断在实践中认识和改

1.参见于施洋、王建冬、郭鑫：《数字中国：重塑新时代全球竞争力》，社会科学文献出版社第1版第1次印刷，2019年5月。

造世界。科学技术是人类认识和改造世界的基本活动，它就像进步的阶梯，一点一点地推动人们从野蛮走向文明。从石器时代的"磨石为斧"到青铜时代的"点石成金"，从农业社会的"结绳记事"到现代社会的"大数据分析"……人类对世界的认识逐渐从感性、质性走向理性、量化。步入二十世纪四五十年代，以电子计算机为代表的科学技术革命爆发，对人类生产生活方式产生深刻影响，引领人类从工业时代步入信息时代、数字时代。数据所蕴藏的巨大能量伴随着科学技术的不断进步和智能化应用的不断普及，逐步释放并惠及人类社会。

回顾信息化的发展历程，我们已经经历了以数字化、网络化作为代表的两次浪潮。二十世纪四十年代第一台电子计算机出现，人们开始将其运用于军事、航天等领域，以进行数字存储、记录以及运算。随着软件、半导体等产业技术的迅速发展，IBM公司在1981年推出世界上第一台个人电脑，可视操作系统和数字化办公开始替代人工处理并迅速普及，数字化成为这一阶段信息化浪潮的主要特征。二十世纪九十年代，互联网的大规模商用开启了人们"数字化生存"的全新方式。不同于之前的单机应用，互联网带来了人与人和服务与服务之间的互联互通，加速了数据的流通与汇聚，促使人类社会更紧密地连接在一起，网络化成为这一阶段信息化浪潮的主要特征。[1]

---

1. 参见梅宏：《建设数字中国：把握信息化发展新阶段的机遇》，载《网信军民融合》，2018年第8期。

| 知识链接 |

什么是信息化?

信息化的概念起源于20世纪60年代的日本，首先是由日本学者梅棹忠夫提出来的。信息化代表了一种信息技术被高度应用，信息资源被高度共享，从而使得人的智能潜力以及社会物质资源潜力被充分发挥，个人行为、组织决策和社会运行趋于合理化的理想状态。同时信息化也是IT产业发展与IT在社会经济各部门扩散的基础之上的，不断运用IT改造传统的经济、社会结构，从而通往如前所述的理想状态的一段持续的过程。

——参见奚惠鹏、王源：《浅谈学会工作信息化》，载《科协论坛》，2009年第7期

进入世纪之交的历史关口，美国前副总统戈尔在美国加州科学中心做了题为《数字地球：21世纪我们认识地球的方式》的演讲，首次提出"数字地球"这一概念，希望通过宽带网络这一纽带，将计算机技术、多媒体技术以及大规模存储技术结合起来，对地球进行多分辨率、多时空、多尺度、多种类的数字化多维描述。"数字地球"的提出开启了全球的数字化浪潮，同时也开启了各国的数字化建设。"数字中国"建设实际上是中国在现代化建设过程中对世界信息革命的回应，是中国对以数字化为代表的新一代信息革命的应对。[1]

1.参见黄欣荣、潘欧文：《"数字中国"的由来、发展与未来》，载《北京航空航天大学学报（社会科学版）》，2021年第4期。

（二）潮起东南：数字福建是数字中国的思想源头和实践起点

关于数字中国建设的论述作为习近平新时代中国特色社会主义思想的重要组成部分，是在长期的思考和实践中逐步完善的。早在习近平同志在福建工作期间，就着眼于抢占信息化战略制高点，提高福建发展新动能，做出了建设数字福建的重要决策，为福建省信息化建设开启了新征程。[1]数字福建的实践探索及成功经验，为建设数字中国播下了种子，明确了发展的方向。

数字福建是一次全新意义的实践预演。1999年11月首届国际数字地球会议在北京成功召开，不仅向全世界发出了建设"数字地球"的动员令，而且掀起了中国大地上"数字＋区域"建设的热潮，一时间中国共有10多个省市启动了地理资源信息化工作。但值得注意的是，这些省市的实践探索基本上局限于数字技术应用实践，依然属于"数字地球"的概念范畴。时任福建省省长的习近平同志在推动数字福建建设时，从信息化全局的角度来看待数字福建建设，跳出了只专注于地理空间建设范畴的观点，提出了包含自然、经济、社会、文化等更为全面的数字化、信息化和现代化，赋予了"数字地球"新的内涵和使命。[2]这一敢为人先的大胆探索为中国数字化实践作了全新意义的预演。

数字福建是一个具体而微的战略雏形。《礼记》说："凡事

1.参见中共福建省委、福建省人民政府：《"数字福建"建设的重要启示》，载《人民日报》，2018年4月20日。
2.参见闫德利：《数字中国的由来和内涵》，载《互联网天地》，2018年第10期。

预则立，不预则废。"数字福建建设在起始阶段，就十分注重总体规划，统筹安排，充分体现了前瞻性理念和战略性思维。2001年11月，《数字福建"十五"建设规划》经福建省数字福建建设领导小组全体成员审议通过。在战略层面上，该规划详细分析了福建省信息化发展的现状趋势以及存在的问题，并将"统筹规划，国家引导；统一标准，联合建设；互连互通，资源共享"确立为数字福建的建设方针，同时明确了数字福建的发展战略、发展目标和主要任务。在实践层面上，设计了包括"高速宽带传送网建设""省公用信息平台""政务信息应用系统建设"在内的一系列骨干工程和应用系统。在保障措施方面，对数字福建的管理体制、组织措施、人才培养等方面进行了科学的设计。[1] 这一套具体而微的战略框架成为福建省信息化建设高水平、可持续发展的重要基础，同时也为后来更为宏大的数字中国建设战略雏形打下了基础。

数字福建是一种孕育思想的创新实践。思想理念是实践行动的先导，实践行动又会完善思想理念，二者相互联系，相互发展。习近平同志在福建工作期间关于数字建设——无论是关于信息化对经济社会发展作用的认识，还是关于信息化建设过程中领导体制和工作机制的建设；无论是关于信息化领域的自主创新和先行先试，还是关于信息资源整合的共享和开放，都是高瞻远瞩、极具创新的实践。数字福建建设过程中孕育出了许多超前理念，比如在让信息化更好服务人民方面、加快发展

1.《福建省人民政府关于印发数字福建"十五"建设规划的通知》，载《福建省人民政府公报》，2002年2月15日。

数字经济方面、加强信息化人才建设方面、切实维护网络和信息安全方面，都直接或者间接地成为数字中国建设的思想源头。[1]

在"八山一水一分田"的八闽大地上，改革开放初期市话自动交换机容量仅仅只有12200门，而长话电路更是只有696条。现如今，具有福建特色的集约化、低成本、可共享和可持续发展的区域信息化发展模式正在成为福建省经济社会发展的强大驱动力。2020年，福建全省的数字经济规模突破2万亿元，占GDP比重的45%左右，同时新基建指数位居全国前五，在县以上区域以及重点乡镇实现5G基站全覆盖，包括物联网、人工智能在内的多个重点产业产值超过千亿。数字福建的建设成果正在助力福建成为数字产业创新发展的热土。[2]

（三）激荡华夏：数字中国成为国家战略意义上的信息化纲领

当今世界，信息技术日新月异，谁在信息化上占据制高点，谁就能够掌握先机，赢得优势，赢得安全，赢得未来。党的十八大以来，以习近平同志为核心的党中央将建设数字中国作为新时代国家信息化发展的新战略，各种国家层面的政策相继出台，各种重大项目相继落地，建设数字中国达到了前所未有的新高度。数字中国与数字福建的实践探索一脉相承，现如今在华夏大地上深层次、宽领域、全方位如火如荼地展开。

1.参见中共福建省委、福建省人民政府：《"数字福建"建设的重要启示》，载《人民日报》，2018年4月20日。
2.参见吴毓健、林侃、方炜杭：《习近平总书记在福建的探索与实践·信息化篇》，载《福建日报》，2017年7月17日。

数字中国建设"新篇章"已然揭开。在2015年召开的第二届世界互联网大会开幕式上，国家主席习近平发表讲话。他指出："中国正在实施'互联网＋'行动计划，推进'数字中国'建设，发展分享经济，支持基于互联网的各类创新，提高发展质量和效益。"这是数字中国概念的首次提出，标志着数字中国建设开启了全新篇章。习近平总书记将他在建设数字福建时期的思想全面提升到国家战略层面，彻底跳出"数字地球"的局限，为建设数字中国标定了前进路径，擘画了清晰未来。

数字中国建设"总框架"基本完善。数字中国建设是一场深层次、宽领域、全方位的信息化建设大仗和硬仗，需要战略层面的考量和布局。随着数字中国概念的提出，党中央、国务院以及国家各部委高度重视，全国人民积极行动；《中华人民共和国国民经济和社会发展第十三个五年规划纲要》《国家信息化发展战略纲要》《"十三五"国家信息化规划》等战略规划相继出台，数字中国战略被纳入其中，并在2018年首次写入政府工作报告，加快数字化发展和建设数字中国的路线图、时间表、总目标、战略任务等顶层设计得以明确，数字中国建设的"大舞台"已基本搭好。

| 知识链接 |

数字中国建设总目标、三大战略任务

数字中国建设的总目标是坚持与实现"两个一百年"奋斗目标同步推进，全面支撑党和国家事业发展，促进经济社会均衡、包容和可持续发展，为国家治理体系和治理能力现代化提供坚实支撑。

　　数字中国建设的三大战略任务是大力增强信息化发展能力、着力提升经济社会信息化水平、不断优化信息化发展环境。

　　————参见中华人民共和国国家互联网信息办公室：《数字中国建设发展报告（2017）》，2018年4月22日

　　数字中国建设"冲锋号"正在吹响。"十四五"时期是我国在全面建成小康社会、实现第一个百年奋斗目标之后，乘势而上，全面建设社会主义现代化国家新征程、迈向第二个百年奋斗目标的开启阶段。2021年，《中华人民共和国国民经济和社会发展第十四个五年规划和2035年远景目标纲要》正式出台，提出加快数字化发展，打造数字经济新优势，协同推进数字产业化和产业数字化转型，加快数字社会建设步伐，提高数字政府建设水平，营造良好数字生态，建设数字中国。2021年10月18日，在中共中央政治局第三十四次集体学习时，习近平总书记再次强调："要站在统筹中华民族伟大复兴战略全局和世界百年未有之大变局的高度，统筹国内国际两个大局、发展安全两件大事，充分发挥海量数据和丰富应用场景优势，促进数字技术与实体经济深度融合，赋能传统产业转型升级，催生新产业新业态新模式，不断做强做优做大我国数字经济。"2022年1月12日，国务院正式印发《"十四五"数字经济发展规划》，它是我国数字经济领域的首部国家规划，为我国"十四五"时期的数字经济发展制定了更加详细、完善的发展路径。在这关键性的历史时刻，新征程的嘹亮号角，正在吹响数字中国建设全面深化的"冲锋号"。

习近平总书记对世界科技革命的敏锐洞察、对中国国情的深刻把握、对信息化的深邃理解，以及对信息化领域的先行探索和成功实践，不断交织融合，共同凝聚成了建设数字中国的指导思想。[1]在波澜壮阔而又复杂多变的时代语境中，以习近平同志为核心的党中央准确把握时代大势，把实施网络强国、加快建设数字中国上升为举国发展的重大战略，意蕴丰富，意义巨大，影响深远。

二、数亦有"道"：数字中国内含丰富意蕴

二十载砥砺奋进，二十载春华秋实。从二十年前的数字福建，到党的十八大以来的数字中国，党中央为数字中国建设把舵定向，对"建设什么样的数字中国、为什么建设数字中国、怎样建设数字中国"等重大问题进行了深入思考。在数字中国的实践探索中，其内涵也在不断丰富。

数字中国就是新时代的国家信息化，就是将数字技术全面融入于中国各领域的建设之中。习近平总书记主持召开中央网络安全和信息化领导小组第一次会议时强调："没有信息化，就没有现代化。"数字中国涵盖数字经济、数字政府、数字社会建设等，是对国家"五位一体"建设过程中硬实力与软实力的全面赋能。建设数字中国既是中国走向强国的利器，也是惠民的春雨。它在转变经济发展方式、引导产业转型升级方面有着

1.参见中共福建省委、福建省人民政府：《"数字福建"建设的重要启示》，载《人民日报》，2018年4月20日。

重要的促进作用；在加强社会创新管理、保障改善民生方面有着重要的意义；在提升社会运行效率以及国家综合竞争能力方面有着举足轻重的地位。

建设数字中国立足于让信息化造福人民，有效保障和增进人民福祉。坚持以人民为中心的发展思想，一直以来都是我们党和国家最核心的宗旨理念。数字技术的发展极大拓展了人们的生活半径，打破地域阻隔和时空限制，已经深度融入群众生产生活的方方面面，在便利城乡居民生活、优化公共服务能力水平、促进脱贫攻坚事业发展等方面提供了有力支撑。特别是在抗击新冠肺炎疫情中，以大数据为代表的数字技术发挥了重要作用。建设数字中国就是要加快数字化发展，缩小数字鸿沟，让亿万人民在共享数字化发展成果上有更多幸福感、获得感。

建设数字中国着眼于抢抓信息革命机遇，构筑国家科技竞争新优势。在第四次工业革命的背景下，对关键核心技术的掌握越来越成为一个大国实现高质量发展进而抢占国际竞争高地的重要保证。在信息领域方面，核心技术是要不来的，依赖其他国家是靠不住的。只有把关键核心技术牢牢攥在自己的手中，才能从根本上建立优势。我们要抓好自主创新这个"牛鼻子"，要发扬"数字工匠精神"，践行"苟日新，日日新，又日新"的创新观念，强化信息技术基础研究、应用研究，实现关键共性技术、前沿引领技术、现代工程技术、颠覆性技术的全面创新。

建设数字中国聚焦于信息化培育新动能，更好服务经济社会新发展。当前，我国经济已由高速增长阶段转向高质量发展阶段，以数字经济为代表的新动能加速孕育形成，发展数字经济正是把握新一轮科技革命和产业变革新机遇的战略选择。一方面，数字化发展从根本上改变了传统经济的生产方式和商业模式，生产、流通、消费、进出口各个环节的资源要素流动在加快，市场主体组织模式也在重构。这有利于畅通国内外经济循环，推动构建新发展格局，在打破时空限制、延伸产业链条、实现跨界发展等多方面发挥着重要作用。另一方面，数字经济作为发展最快、创新最活跃、辐射最广的经济活动，不仅是新的经济增长点，更是改造提升传统产业的支点，对于扩展新的经济发展空间、促进经济高质量发展具有极为重要的战略意义。

建设数字中国致力于大数据，提升治理水平，助力社会治理决策更精准。 随着经济社会持续快速发展，传统的治理模式和"人海战术"已越来越难以适应现代治理的需要，国家必须依托现代信息技术，变革治理理念和治理手段，全面提升政府治理效能。加快数字化发展，是一场能让政府部门决策更科学、治理更精准的"效能革命"，不仅能为政府治理理念、治理结构、治理机制、治理模式等带来深层次的结构性变化，更是为优化营商环境、激发市场活力、提升社会创造力等方面提供有力支撑的重要保障。

理论指导实践的探索，实践印证理论的科学。党的十八大以来，在习近平总书记关于数字中国建设的思想指导下，我国推动数字中国建设的起步之高、决心之大、成效之显著有目共睹，数字化、网络化、智能化融合发展按下快进键，数字中国建设进入快车道，"推动信息化更好造福社会、造福人民"[1]的美

1.习近平：《习近平致首届数字中国建设峰会的贺信》，载《人民日报》，2018年4月22日。

好图景正在神州大地上徐徐展开。

三、"数"说新篇：数字大国迈向数字强国

九层之台，起于累土。自2015年12月"数字中国"首次提出后，数字中国建设在神州大地上逐步展开。随着数字中国建设的深入实践，它正改变着国家治理方式，惠及人民生活。截止到2021年，我国已经是全球第二的数字大国，部分领域甚至达到了世界领先水平，这六年间的数字中国建设取得了历史性的成就，中国的数字化进程发生了历史性的变革。

（一）数字这六年

这是我国信息基础设施实现跨越式发展的六年。 从信息基础设施建设方面看，不断提速的IPv6部署规模和天地一体化信息网络系统，昭示着我国在信息基础设施建设规模方面的全球领先地位。六年来，我国固定宽带家庭普及率由52.6%提升到96%，移动宽带用户普及率由57.4%提升到108%，全国行政村、贫困村通光纤和通4G的比例均超过98%，光纤网络和4G网络覆盖范围已经成为全球之最。在5G网络建设速度和规模方面，同样稳居全球第一，已建成5G基站71.8万个，5G终端连接数超过2亿。我国移动通信的发展已完成从2G跟随到3G突破再到4G赶超的历史使命，现如今正以领跑者的身份阔步前行。

这是我国数字技术创新能力持续提升的六年。 创新驱动发展战略的深入实施对我国数字技术创新能力的持续提升起到了

至关重要的作用。在2020年世界知识产权组织发布的全球创新指数排名中，我国的创新指数已由2015年的第29位跃升至2020年的第14位，2021年更是上升2位，排名的巨大飞跃是我国从"中国制造"向"中国创造"转变的有力证明。六年来，我国在基础性、通用性技术研发方面取得一系列重要进展，在集成电路制造装备和基础软件开发等薄弱环节取得一系列突破。自2019年以来，我国已经连续成为全球最大专利申请国，5G、区块链、人工智能等数字领域专利申请量全球第一，2020年国产14nm芯片量产、"鸿蒙OS"移动智能终端操作系统推出，彰显了数字时代中国的"科技力"，为数字中国建设提供了"支撑力"。

这是我国数字经济发展空间不断拓展的六年。随着新技术、新业态、新模式不断涌现，数字经济已经成为拓展经济发展空间的重要抓手。六年来，共享经济、移动支付、电子商务等新业态的蓬勃发展，使得我国数字经济总量位居世界第二，并且成长为全球数字经济创新的重要引擎。2020年，我国数字经济核心产业增加值占GDP比重达到7.8%。数字产业化规模持续增长，软件业务收入从2016年的4.9万亿元增长至2020年的8.16万亿元，计算机、通信和其他电子设备制造业主营业务收入由2016年的10万亿元增长至2019年的11万亿元，数字经济已然成为推动经济高质量发展的重要力量。[1]

1.参见中华人民共和国国家互联网信息办公室：《数字中国建设发展报告（2020年）》，2021年4月25日。

| 知识链接 |

第四届数字中国建设峰会

2021年4月25日至26日，第四届数字中国建设峰会在福建省福州市举行。本次论坛以"激发数据要素新动能，开启数字中国新征程"为主题，发布了包括5G、区块链、人工智能、大数据等一系列新技术、新产品。腾讯、阿里巴巴、华为、中国电科等行业龙头企业，集中举办了科技专题生态展，其中新产品首展率超过50%。峰会期间，有关企业共召开91场新产品、新技术发布会，吸引了500余家央企、龙头企业、独角兽企业、科研院所等单位参与招商对接，洽谈形成了数字经济对接项目523个、总投资3188亿元。

——参见数字中国建设峰会官网

这是我国数字政府服务效能显著提升的六年。在数字时代，数字政府建设已然成为我国推进国家治理体系和治理能力现代化的有效手段。六年来，"掌上办""指尖办"等数字化政务处理平台已经成为政务服务标配，"一网通办""异地可办""跨省通办"等跨区域数字服务渐成趋势，广大企业、群众的获得感和满意度正在不断提升。据联合国2020年发布的《电子政务调查报告》显示，我国电子政务发展指数国际排名已经从2018年的65位上升至2020年的第45位。现如今，已联通31个省市自治区及新疆生产建设兵团和46个国务院部门、实名用户超4亿人的全国一体化政务服务平台基本建成，未来将为我国数字政府服务效能的提升提供不竭动力。

　　这是我国推动全球网络空间共同体发展发挥更加积极作用的六年。互联网是无国界、无边界的，它的出现大大加快了全球的互联互通，可以说是数字时代的"信息高速公路"。利用好、发展好、治理好互联网，是数字中国建设的重要保障，也是全球互联互通的重中之重。这需要深化网络空间国际合作，携手构建网络空间命运共同体。截止到2020年，世界互联网大会已经在我国连续成功举办了七届，国家主席习近平提出的"四项原则""五点主张"，特别是网络主权、网络空间命运共同体等治网理念，日益成为国际社会的广泛共识。我国倡导发起的《二十国集团数字经济发展与合作倡议》《"一带一路"数字经济国际合作倡议》等，以及正在建设的数字丝绸之路，正在欢迎世界各国搭乘中国数字化发展的快车，为全球数字化发展提供中国经验和中国方案。

　　| 知识链接 |

　　推进全球互联网治理体系变革方面的"四项原则"

　　2015年，国家主席习近平出席第二届世界互联网大会开幕式并发表主旨演讲时强调，"网络空间是人类共同的活动空间，网络空间前途命运应由世界各国共同掌握"，并提出了"四项原则"：

　　一是尊重网络主权；

　　二是维护和平安全；

　　三是促进开放合作；

　　四是构建良好秩序。

（二）数字中国在路上

伴随着网络强国战略、大数据战略、"互联网＋"行动等国家层面重大战略的协调推进，数字中国建设取得了丰硕成果。但与此同时，我们还应该清醒地认识到，数字中国建设还有许多瓶颈问题亟待突破。比如我国科技发展水平总体上与世界先进国家仍有差距，不少核心领域的技术仍然受制于人；部分领域"旧管制思维"与"新经济模式"不相适应，抑制了数字经济的发展活力；社会发展速度与人才培养情况脱节，造成大数据人才匮乏，岗位需求错配；数字化发展的法律体系尚未完善，数据产权不清晰，个人数据易泄露等等。从数字大国走向数字强国，从来都不是一蹴而就。面对以后的漫漫长路，我们要不断跨越新的"娄山关"和"腊子口"，数字中国建设一直在路上。

举网以纲，千目皆张。建设数字中国涉及科技创新、发展方式、治理体系等方方面面，是一个充满挑战的系统工程。方位清晰、理念科学、路径明确，是我国经济社会发展实现方向正、步子稳、成效好的重要前提和保障。[1] 在新征程上，数字中国建设必须坚持以习近平新时代中国特色社会主义思想为指导，要从把握新发展阶段、贯彻新发展理念、构建新发展格局的实际出发，做到全国同心，驰而不息。

要把握好新发展阶段，保障数字中国建设"方向正"。 在新的发展阶段，我国发展环境面临着既深刻又复杂的变化。向外看，世界百年未有之大变局和新冠肺炎疫情全球大流行交织影

1.参见胡磊：《论新发展阶段、新发展理念、新发展格局的新意涵新要求》，载《改革与战略》，2021年第5期。

响，全球的资源要素正在重组，经济结构正在重塑，竞争格局正在重建，国际环境更趋复杂、严峻。向内看，我们比历史上任何时期都更接近、更有信心和能力实现中华民族伟大复兴的目标，中国经济要想实现更高质量的发展，必须付出更为艰巨、更为艰苦的努力。要建设好数字中国，就要在宏观层面把握好我国所处的历史方位，要站在统筹中华民族伟大复兴战略全局和世界百年未有之大变局的高度，认识到这一阶段信息化建设的地位要更突出、目标要更具体、举措要更系统，保障数字中国建设的方位更清晰。

要贯彻好新发展理念，助力数字中国建设"步子稳"。 站在历史和时代的高度，新发展理念创造性地回答了新发展阶段"实现什么样的发展、怎样发展"等重要问题，我们要运用科学的理念推动数字中国建设在经济、政府、社会的创新、协调、绿色、开放、共享多个维度具体展开。要引领创新驱动，培育发展新动能；要促进均衡协调，优化发展新格局；要支撑绿色发展，加强网络新治理；要深化开放合作，拓展发展新空间；要推动共建共享，释放发展新红利。

要构建好新发展格局，促进数字中国建设"成效好"。 构建以国内大循环为主体、国内国际双循环相互促进的新发展格局，是党的十九届五中全会提出的一项关系我国发展全局的重大战略，回答了"如何实现新发展阶段新目标"的路径问题。数字中国着眼于整个中国的信息化建设。加快数字中国建设，一定要积极融入新发展格局，为其提供支撑。同时利用新发展格局的构建解决我国发展内部矛盾并拓展外部发展空间，增加数字中国建设的"正收益"。在畅通内循环上，我们要加快新型基础设施建设，通过建设一系列智能化、综合性数字信息基础设施来打通经济社会发展的信息"大动脉"；要加强数字乡村建设，弥补数字鸿沟，缩小城乡差异；要充分利用数字技术，打破时空限制，延伸产业链条，畅通国内经济循环。在打通外循环上，要在网络基础设施建设、大数据、电子商务、数字经济贸易等方面展开广泛而深远的国际合作，推动数字丝绸之路建设，鼓励国内企业在国际标准制定中发挥重要作用，提出中国方案，形成共商共建、互利共赢的国际合作新局面。

栉风沐雨铸辉煌，百尺竿头再攀登。在"两个一百年"奋斗目标战略蓝图的指引下，数字中国建设的广度不断拓宽，深度不断加强，速度不断提高，数字中国的宏伟图景正在一步步绘就。我们相信，新时代的中国，必将阔步迈向数字强国的新征程。

第 2 章

从数据谈起　资源与时空的新定义

面向未来，我们要站在统筹中华民族伟大复兴战略全局和世界百年未有之大变局的高度，统筹国内国际两个大局、发展安全两件大事，充分发挥海量数据和丰富应用场景优势，促进数字技术和实体经济深度融合，赋能传统产业转型升级，催生新产业新业态新模式，不断做强做优做大我国数字经济。

——习近平总书记在中共中央政治局第三十四次集体学习时的讲话（2021年10月18日）

21世纪，伴随第四次工业革命的全面深化，人类迈向大数据时代。据互联网数据中心（Internet Data Center，简称IDC）发布的《数据时代2025》报告显示，全球每年产生的数据将从2018年的33ZB增长到2025年的175ZB，相当于每天产生491EB的数据。随着互联网、传感器，以及各种数字化终端设备的普及，我们的时代正在经历着深度变革。数据呈现出指数级增长态势，数字化逐渐成为构建现代社会的基础力量。一个万物互联的世界扑面而来。

一、数据：21世纪的"石油"和"金矿"

数据一直伴随着人类社会的发展变迁。人类对于数据的搜集、存储可以追溯到远古时代。从文明之初的"结绳记事"，到文字发明后的"文以载道"，再到近现代科学的"数据建模"[1]，一直到社交网络、电子商务、移动互联网等领域飞速发展的今天，数据的生产、交换、消费已经完全不受时间、地点的限制。当微信、淘宝、携程、网盘、手游、手机银行、高德地图等各类应用占满我们手机屏幕时，人类社会已经进入到一个以PB为单位的结构及非结构数据构成的数字化时代。回顾历史，科技的突破性成就推动了人类世界全面进步。19世纪，煤炭和蒸汽机引领世界；20世纪，石油和电力扮演主角；21世纪的今天，伴随着互联网信息技术的发展，人类进入大数据时代，数

1.参见梅宏：《建设数字中国：把握信息化发展新阶段的机遇》，载《人民日报》，2018年8月19日。

据成为当今世界的基础性战略资源。2013年7月，习近平总书记视察中国科学院时就强调，大数据是工业社会的"自由"资源，谁掌握了数据，谁就掌握了主动权。海量的数据将取代石油，成为21世纪最重要的资源。

| 知识链接 |

数据单位知多少？

数据的基本计量单位是Byte，按照1024（2^{10}）进率，依次递增为B、KB、MB、GB、TB、PB、EB、ZB、YB……

1B（Byte 字节）=8b（Bit）

1KB（Kilobyte 千字节）=1024B

1MB（Megabyte 兆字节，又称"兆"）=1024KB

1GB（Gigabyte 吉字节，又称"千兆"）=1024MB

1TB（Terabyte 万亿字节，又称太字节）=1024GB

1PB（Petabyte 千万亿字节，又称拍字节）=1024TB

1EB（Exabyte 百亿亿字节，又称艾字节）=1024PB

1ZB（Zettabyte 十万亿亿字节，又称泽字节）=1024EB

1YB（Yottabyte 一亿亿亿字节，又称尧字节）=1024ZB

……

（一）知根知底：数据的含义

数据，多用来表达世上客观存在的东西或已经发生的事实。

在古拉丁文中，数据被称为Datum，其复数形式为Data，后来在英文中普遍使用，意思是"to give"和"givens"，指的是内涵确定、毫无歧义的东西。在中文中，Data被翻译成"数据"，有"数字化的根据"的意思。[1]人类社会生产生活每时每刻都在产生、分析和利用数据，这也是我们对客观事件进行观察或记录的结果。数据类型纷繁复杂，各种字母、数字、符号及其组合都是数据；形式也各种各样，包括语言、文字、动作、图片、影像等。数据经过分析处理可以成为有用的信息，但并非所有数据都能得到充分利用。根据IDC白皮书显示，2018年，全球数据体量达到了33ZB，但得到分析利用的数据只有2.5%。"未被利用"的数据或是目前的处理手段还不能够使之变为信息，抑或是它们的价值还没有被人们发掘。

对已有数据进行分析、处理，利用有用数据，剔除无用数据，找到大量数据中隐藏的关联性，从而获取信息；之后，我们能够对未来趋势进行预测或对当前决策进行优化。这就是数据分析的意义，即获取信息，处理问题。从古至今，数据分析都有非凡的意义。战国时期，孙膑设计命令部队逐日大幅减少炉灶的数量，庞涓观察到这一点，分析得出孙膑军队大量逃散的结论，最终上当战败。如今，数据分析更是与每个人的生活密切相关。浏览网页时，网站能保存我们的浏览记录，通过分析，记录常用网站，进而，网站服务商能为消费者提供更加便利的服务，节省网民搜索的时间；网上购物时，App能分析我们以往搜索和购买的物品，从中获取消费者的购物习惯和购物

1.参见谢文：《大数据经济》，北京联合出版公司第1版第1次印刷，2016年1月。

偏好，进而，电商能为我们推荐合适的商品，大大提高了商品交易量；社交聊天时，后台存有的聊天数据不仅能够帮助我们重获意外丢失的信息，更在犯罪确认中起到了至关重要的作用。对掌握的数据进行分析，来源于人类最原始的思维意识，其发展至今已成为我们经济社会发展必不可少的推动力。

（二）前世今生：数据形式的变迁

数据的出现和人类对数据的利用古已有之，随时代变化的不过是数据记录、存储和分析利用形式的差别而已。

原始社会时期，人类通过岩画、刻画或结绳记事等方式记录事物。大约两万年前的伊尚戈骨头被认为是目前发现最早的数据记录形式。"上古无文字，结绳以记事。"马克思在《摩尔根〈古代社会〉一书摘要》中，曾说明了印第安人的结绳记事：由紫色和白色贝珠的珠绳组成的珠带上的条条，或由各种色彩的贝珠组成的带子上的条条，其意义在于一定的珠串与一定的事实相联系，从而把各种事件排成系列，并使人准确记忆。这些贝珠条和贝珠带是易洛魁人唯一的文件；但是需要有经过训练的解释者，这些人能够从贝珠带上的珠串和图形中把记在带子上各种记录解释出来。[1]结绳记事的具体时间或许无从考察，但其无疑是原始社会人们创造性地利用工具来记录、分析数据的伟大代表。

1.参见卡尔·马克思［德］、弗里德里希·恩格斯［德］:《马克思恩格斯全集（第45卷）》，中共中央马克思恩格斯列宁斯大林著作编译局译，人民出版社第1版第1次印刷，2003年4月。

* 伊尚戈骨头（Ishango Bone）

　　农业社会时期，数据记录形式取得了进一步发展，在文字的基础上，人类文明记录、传承和传播实现了一次大的飞跃。文字书写的历史起源于公元前3200年的美索不达米亚平原地区，无论埃及、希腊还是中国的古文字，主要都是用来记载国家兴衰、天灾人祸、祭祀占术以及律法等。书写符号促进了计数方法的出现。公元前2400年，第一个专门用来执行算术运算的工具——算盘，在古巴比伦开始使用。历史上第一座图书馆也是在这个时期出现的，代表了对大量数据进行存储的首次尝试。大量的数据记录和存储又推动着数据计算和处理的发展。安提凯希拉机械是被发现最早的机械计算机，用来做占卜或者追踪奥林匹克比赛的周期。在存储、计算的基础之上，数据的利用也更加符合现实需要。1663年，约翰·葛兰特记录当时肆虐欧洲的黑死病死亡人数信息，这是第一次有记录的统计数据分析实验，它形成了早期预警系统的理论。历经上万年的农业社会逐渐建立起了一系列数据存储、处理、分析、应用的机制。

| 知识链接 |

安提凯希拉机械[1]

安提凯希拉机械装置（Antikythera mechanism），于 1901 年在希腊安提凯希拉岛上的一艘古船残骸中被发现的随船沉没 2100 余年的钟形装置，是人类文明史上最神秘的发现之一。安提凯希拉机械有正反两面。正面有一个表盘，上有指针分别代表日月和五星，周围是代表黄道十二宫的刻度，因此通过指针运动可以再现七曜运行位置；上下方还有说明性文字。反面有两个主要的表盘，上方表盘遵循默冬周期，可以预测日月位置关系、月相变化等；下方表盘遵循沙罗周期，可以预测日月食发生的时间；此外上方表盘中还有一个小的表盘，可以推算奥林匹克运动举办时间。安提凯希拉机械是十分精密复杂的系统，这个"天文仪器"的发明年代可以追溯到公元前2世纪（即公元前150年到前100年之间），它的先进性在其制成后千年间无人超越。

1.参见2018年10月，希腊国家研究基金会历史研究所、国际科学史研究院埃夫西米奥斯·尼古拉季斯在中国科学技术大学所做的题为《罗马贵族的便携式天空：安提凯希拉机械》的报告。

工业时代的到来为数据的发展和人类对数据的存储和处理打下了坚实的基础。数据开始取得分门别类的发展，逐渐成为自然科学、经济社会发展的依托。随着人类社会不断发展，数据量逐渐增多，人工处理数据的成本巨大、时效性差以及准确率低等一系列问题日益凸显，人们想到用机器辅助处理数据，于是，计算机带来了一场关于数据存储和处理技术的革命。第二次世界大战后，科学家想到用0和1两个数字组成的字符串表达一切文字、数据和符号，从而电子计算机问世，其解决了早期机械计算机笨重易损、运算能力差的缺点。此后，计算机领域的发展一直遵循摩尔定律：计算速度每一年半左右翻一倍，计算机器件的相对成本每一年半左右降一半。20世纪80年代，个人计算机的普及应用开启了第一次信息化浪潮，数字化办公和计算机信息管理系统取代了手工处理，提高了工作效率，人们第一次体会到信息化带来的巨大改变。计算机软件业的发展也使得图形、照片、语音、影像等都成为可供处理、分析的数据。

1991年，万维网的诞生使互联网的数据联通起来，任何人可以在任何地方进行通信，人、物、机器等都可以通过一个终端接入这个不受时间、空间限制的虚拟网络。20世纪90年代中期，一场跨越时空边界的数据传输和应用的革命来袭。美国提出"信息高速公路"建设计划，互联网大规模商用进程开启，第二次信息化浪潮到来。互联网高效连接、信息交互、沟通协作的方式得到极大的扩展，人类开启数字化生存方式，极大推动了数据的发展。2020年，世界上各种各样的数据终端总数超过500亿。计算机与互联网的结合使得大量存储在计算机中的静态数据几乎没有时空边界地"动"了起来——一个万物互联、万事皆"数"的崭新时代已经来临。

（三）数据资源：21世纪的新动能

当前信息化建设的第三次浪潮方兴未艾，这一阶段以数据深度挖掘和融合应用为主要特征。智能化标志着互联网向物联网延伸，进而覆盖整个物理世界，"人机物"不断融合发展，进一步拓宽人类数字化生存空间。云计算、物联网、人工智能等新兴技术以及各类智能设备的应用发展促使数据的表现形式前所未有地丰富，数据资源呈现几何倍数的增长并不断融入经济社会发展各领域和每个人生产生活的方方面面。商业、农业、医疗、金融等领域都身处数据浪潮之中，与我们切身相关的衣、食、住、行等方面也都在重新被数据定义。万事万物都能且都将化身为数据。这种增长超过了我们创造机器的速度，比世界经济的增长速度快4倍，计算机数据处理能力的增长速度更是比世界经济的增长速度快9倍。[1]上至国家、政府，下至企业、个人，都在从数据中获益。数据资源蕴藏的能量不断被释放，并对经济发展、社会治理、国家管理、人民生活产生着重大影响。

2012年1月，在瑞士达沃斯召开的世界经济论坛上发布的报告《大数据，大影响》表示，数据已经成为一种新的经济资源类别，就像货币或黄金一样。3月，美国奥巴马政府在白宫发布了《大数据研究和发展倡议》，这一倡议标志着大数据

1.参见维克托·迈尔·舍恩伯格［英］、肯尼斯·库克耶［英］:《大数据时代》,盛阳燕、周涛译,浙江人民出版社第1版第1次印刷,2012年12月。

已经成为重要的时代特征。奥巴马政府也将数据看成是"未来的新石油"。越来越多的国家和国际组织都将数据视作战略性竞争资源，不少科技巨头将数据视为下一个"金矿"。各国都把推进经济数字化作为实现创新发展的重要动能，并在前沿技术研发、数据开放共享、隐私安全保护、人才培养等方面作了前瞻性布局。

然而，数据的价值远不止于此。能源在消耗中面临枯竭，从而引发各国对能源的争夺和对危机的恐惧。数据不但不会因为占有而枯竭，还会随着使用和传播不断地丰富与生长。可以想象，数据将成为决定未来世界的DNA。拥有的数据规模、质量和应用带来的马太效应将形成明显的数据资源区隔和竞争优势，因此，数据成为各国争夺的下一个战略前沿。这是一场没有硝烟的战争，随着"智慧经济"的崛起，采集数据、掌握数据、运用数据必将成为国家、企业的核心竞争力。未来，更多的社会资源会向数据领域汇集，互联网将日益成为新的基础设施，数据将成为继劳动、资本和土地等之后的新生产要素。石油会枯竭，黄金量守恒，而数据取之不尽，用之不竭。

二、大数据：信息化发展的新阶段

大数据虽是新兴的概念，却不是新的事物。数据在人类之初就有，只是迈向21世纪，伴随现代数字信息技术的飞速发展，数据量大爆发从而导致需要处理的信息已经超出了一般电脑所能使用的内存量，从而产生"大数据"这一形象的概念。2009年，大数据才成为互联网行业的流行词。仅仅数年时间，大数据就从大型互联网行业的专业术语，变成决定我们未来数字生活方式的重大命题。如今，大数据颠覆性地改变了经济运行机制、国家治理架构、社会生产、生活方式，引发了巨大的社会变革。

| 知识链接 |

大数据的5V特征

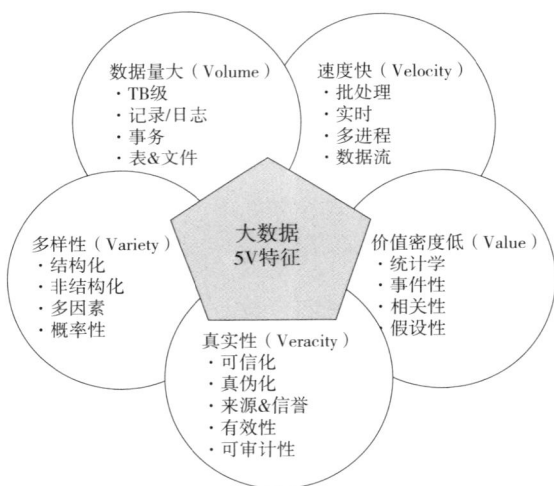

——孙静：《大数据：引爆新的价值点》，清华大学出版社第1版第1次印刷，2018年10月

（一）大数据：内涵与特征

大数据是海量且暴增的数据。IDC认为，全球数据增速符合"大数据摩尔定律"，即全球数据量大约每两年翻一番。根据国际商业机器公司（International Business Machines Corporation，简称IBM）估算，人类有史以来至2003年所创

造的数据量为5EB，而到2011年，这个数字达到了1.8ZB，每两天就能产生5EB的信息量。2013年，仅中国产生的数据总量就超过0.8ZB，是2012年的两倍，相当于2009年全球的数据总量。[1]2020年，全球需要管理的数据量达35ZB，是2010年的29倍。[2]据统计，一个中型城市的视频监控信息一天就能达到几十TB的数据量。百度首页导航每天需要提供的数据超过1.5PB，如果将这些数据打印出来，会超过5000亿张A4纸。[3]互

KB ➡ MB ➡ GB ➡ TB ➡ PB ➡ EB ➡ ZB ➡ YB ➡ NB ➡ DB ➡

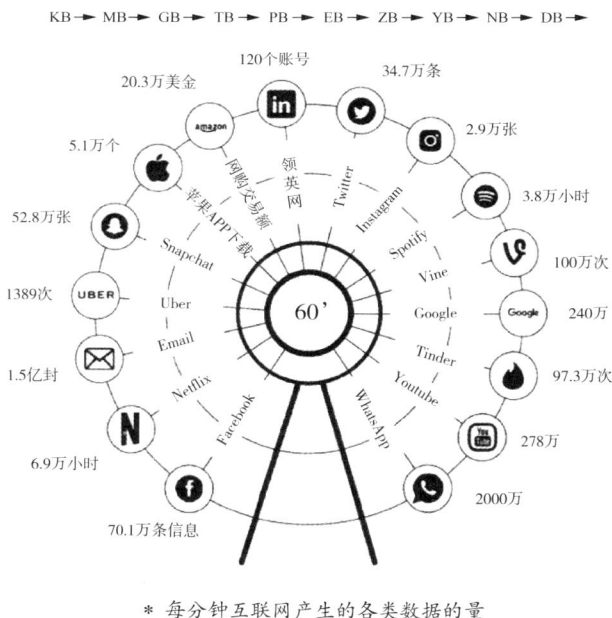

* 每分钟互联网产生的各类数据的量

---

1. 参见孙静：《大数据：引爆新的价值点》，清华大学出版社第1版第1次印刷，2018年10月。

2. 参见张茉楠：《发展大数据应升级为国家战略》，载《证券时报》，2015年4月3日。

3. 参见武志学：《大数据导论：思维、技术与应用》，人民邮电出版社第1版第1次印刷，2019年4月。下图出自于此。

联网（社交、搜索、电商），移动互联网（微博），物联网（传感器、智慧地球），车联网，GPS，医学影像，安全监控，金融（银行、股市、保险），电信（通话、短信）每时每刻疯狂地产生数据，产生巨量的交互。海量的数据在我们生活的物理世界之上搭建起数字网络世界的雏形。

大数据是多样化的数据。大数据的多样性主要体现在数据来源多、数据类型多和数据之间关联性强这三个方面。传统IT产业产生和处理的数据类型较为单一，主要是交易数据和系统数据，这些数据大多是表现出强因果关系的结构化数据。而随着诸如社交网络、传感器等新的渠道和新数据源的出现，产生了邮件、视频、照片、即时消息、地理位置等弱因果关系的半结构化或无结构数据，这些数据占比日益增加，如今，其占总数据量的比重高达80%。多样的数据类型体现着人们线上线下联系日益紧密，交互愈加频繁。

大数据是一种全新的信息处理方式。一方面，大数据意味着高速的信息处理。业界对大数据的处理能力有一个称谓——"1秒定律"，即从各种类型的数据中超高速获取高价值的信息，如淘宝商城每秒钟会产生大约178笔订单；每分钟人们可以在YouTube上传20个小时的视频；Facebook的资料库每天要处理全球用户45亿个赞、3.5亿张照片和100亿条信息。另一方面，大数据意味着全面的信息处理。《大数据时代》一书指出：大数据是指不用随机分析法这样的捷径，而采用所有数据的方法，[1]

1.参见维克托·迈尔·舍恩伯格［英］、肯尼斯·库克耶［英］:《大数据时代》，盛阳燕、周涛译，浙江人民出版社第1版第1次印刷，2012年12月。

即"样本＝全体"的数据处理模式取代过去的"随机采样"模式。信用卡诈骗正是通过分析全体数据寻找到异常值进行识别。

大数据是一种全新的思维方式。 基于数据给我们带来三大颠覆性思维方式转变。第一，利用所有的数据。大数据时代，我们可以获取、分析海量数据，甚至是与某个现象相关的全部数据，而不再依赖于随机采样。第二，接受不精确性。随着数据规模的扩大，我们不再需要对一个现象刨根问底，只要掌握了大体的发展方向即可。第三，让数据自己"发声"。重视相关分析，而不仅仅是因果分析，例如，知道用户对什么感兴趣即可，没必要去研究用户为什么感兴趣。[1]

（二）大数据时代：正发生的全面变革

大数据时代，经济运行机制正在被重建。 2018年5月，习近平总书记在中国科学院第十九次院士大会、中国工程院第十四次院士大会上提出，"推进互联网、大数据、人工智能同实体经济深度融合"。当前，数据逐渐成为一种生产资料、新兴产业和战略资产，以数字化知识为关键生产要素的"数字经济"正在成型，大数据正从助力经济发展的辅助工具向引领经济发展的核心引擎转变。企业核心竞争力日益体现为其所拥有的数据资源和培育的大数据分析能力。预计到2050年，全球将有超过80%的企业依赖各种平台生存，平台型企业将占据全球价值链的高端。[2]

---

1. 参见武志学：《大数据导论：思维、技术与应用》，人民邮电出版社第1版第1次印刷，2019年4月。
2. 詹媛、刘坤、耿建扩：《世界智能大会在天津开幕　人工智能提振经济增速》，载《光明日报》，2017年6月。

2015年8月，国务院印发的《促进大数据发展行动纲要》指出，以数据流引领技术流、物质流、资金流、人才流，将深刻影响社会分工协作的组织模式，促进生产组织方式的集约和创新。大数据推动社会生产要素的网络化共享、集约化整合、协作化开发和高效化利用，改变了传统的生产方式和经济运行机制，显著提升经济运行水平和效率。大数据持续激发商业模式创新，不断催生新业态，已成为互联网等新兴领域促进业务创新增值、提升企业核心价值的重要驱动力。大数据产业正在成为新的经济增长点，将对未来信息产业格局产生重要影响。

大数据时代，国家治理格局正在被重构。基于海量数据的智能分析改变了人们的治理思维，提高了治理决策的有效性，打破了人们参与治理的空间格局，并逐渐成为提升政府治理能力的新途径。政府数据开放共享，促进社会事业数据融合和资源整合，极大提升政府整体数据分析能力，为有效处理复杂社会问题提供新的手段。阳光政府、责任政府、智慧政府为解决以往的"顽疾"和"痛点"提供了强大支撑；精准医疗、个性化教育、社会监管、舆情监测预警使以往无法实现的环节变得简单、可操作。建立"用数据说话、用数据决策、用数据管理、用数据创新"的管理机制，实现基于数据的科学决策，将推动政府管理理念和社会治理模式进步，加快建设与社会主义市场经济体制和中国特色社会主义事业发展相适应的法治政府、创新政府、廉洁政府和服务型政府，逐步实现政府治理能力现代化。[1]

大数据时代，社会生活方式正在被重塑。2015年5月，国

1.参见2015年8月，国务院印发的《促进大数据发展行动纲要》。

家主席习近平在给国际教育信息化大会的贺信中说："当今世界，科技进步日新月异，互联网、云计算、大数据等现代信息技术深刻改变着人类的思维、生产、生活、学习方式，深刻展示了世界发展的前景。"我们日常生活已离不开大数据。开车时，查看手机地图避开拥堵路线；坐公交，先查询公交车路线、站点距离、实时路况等信息；约朋友吃饭，团购套餐；付款时，使用手机支付；上医院，网上预约挂号；买东西，商品详情页可通过 AR、3D 等形式直观获得该商品尺寸大小、细节特征、穿搭效果……从智能手机到智能汽车，从智慧家居到智慧城市，大数据掀起的变革风暴已席卷人们生活的各个角落，从根本上重塑着社会生活方式，使人们的生活更加便捷、美好。

| 知识链接 |

元宇宙（Metaverse）

"元宇宙"是一个平行于现实世界，又独立于现实世界的虚拟空间，是映射现实世界的在线虚拟世界，是越来越真实的数字虚拟世界。

元宇宙一词最早诞生于 1992 年的科幻小说《雪崩》，但其与现在的元宇宙概念不尽相同。2021 年是元宇宙元年，这一语境下的元宇宙概念吸纳了信息革命（5G/6G）、互联网革命（Web 3.0）、人工智能革命，以及 VR、AR、MR，特别是游戏引擎在内的虚拟现实技术革命的成果，向人类展现出构建与传统物理世界平行的全息数字世界的可能性，引发了信息科学、量子科学、数学和生命科学的互动，改变了科学范式；推动了传统的哲学、社会学，甚至人文科学体系的突破；囊括了所有的数字技术，包括区块链技术成就；丰富了数字经济转型模式，融合De-Fi、IPFS、NFT等数字金融成果。

————参见赵国栋、易欢欢、徐远重：《元宇宙》，中译出版社第1版第1次印刷，2021年9月

（三）政策导向：中国的大数据发展

党的十八大以来，在网络强国战略的指导下，党中央审时度势，精心谋划，进行了一系列超前布局，大数据产业取得了突破性发展。党的十八届五中全会提出实施国家大数据战略。2015年8月，国务院印发《促进大数据发展行动纲要》，全面推进大数据发展，加快建设数据强国。10月，《中华人民共和国国民经济和社会发展第十三个五年规划纲要》提出实施国家大数据战略。2016年4月19日，习近平总书记在网络安全和信息化工作座谈会上强调，要"强化信息资源深度整合""打通信息壁垒，构建全国信息资源共享体系"。2016年9月，《政务信息资源共享管理暂行办法》出台，旨在通过政务信息共享引领带动大数据创新应用和产业融合发展。2016年12月，《大数据产业发展规划（2016—2020年）》以强化大数据产业创新发展能力为核心，明确了强化大数据技术产品研发、深化工业大数据创新应用、促进行业大数据应用发展、加快大数据产业主体培育、推进大数据标准体系建设、完善大数据产业支撑体系、提升大数据安全保障能力等7项任务。2017年9月，公安部印发《关于深入开展"大数据＋网上督察"工作的意见》，要求到2020年年底，建成基于公安云计算平台的全国公安机关警务督察一体化应用平

台，相关运行机制进一步健全完善，警务督察部门的动态监督和预警预测能力进一步提升。2017年12月8日，在主持中共中央政治局第二次集体学习时，习近平总书记强调：大数据发展日新月异，我们应该审时度势、精心谋划、超前布局、力争主动，深入了解大数据发展现状和趋势及其对经济社会发展的影响，分析我国大数据发展取得的成绩和存在的问题，推动实施国家大数据战略，加快完善数字基础设施，推进数据资源整合和开放共享，保障数据安全，加快建设数字中国，更好服务我国经济社会发展和人民生活改善。2018年7月，工业和信息化部印发的《推动企业上云实施指南（2018—2020年）》明确，到2020年，力争实现企业上云环境进一步优化，行业企业上云意识和积极性明显提高，上云比例和应用深度显著提升，云计算在企业生产、经营、管理中的应用广泛普及，全国新增上云企业100万家，形成典型标杆应用案例100个以上，形成一批有影响力、带动力的云平台和企业上云体验中心。2020年，国务院发布《关于构建更加完善的要素市场化配置体制机制的意见》，指出"推进政府数据开放共享""提升社会数据资源机制""加强数据资源整合和安全保护"。至此，技术先进、应用繁荣、保障有力的大数据产业体系基本形成。大数据相关产品和服务业收入突破1万亿元，年均复合增长率保持30%左右。

三、数据为王：扑面而来的第四次工业革命

信息、能源、交通构成了人类科技发展的"三驾马车"，成为人类科技发展的核心驱动力。18世纪下半叶，工业革命相继

而来。第一次工业革命大约从 1760 年延续至 1840 年，铁路和蒸汽机引领人类进入机械时代；第二次工业革命始于 19 世纪末，延续至 20 世纪初，新能源的使用标志人类进入电气时代；第三次工业革命始于 20 世纪 60 年代，计算机开启了信息化时代。信息化的发展广泛而深刻地影响和改变了人类社会，冲击原有的社会结构并编织起新的工业网络，建立新的基础设施。如今，第四次工业革命将带领人类走向智能化、数字化时代。它的发展速度之快、范围之广、程度之深，远远超过前三次工业革命；其蕴含的能量、影响力和历史意义更远远超越前三次革命。

（一）华美乐章：第四次工业革命

工业 4.0 最早是在 2011 年德国汉诺威工业展上提出，指利用物联信息系统（Cyber—Physical System，简称 CPS）将生产中的供应、制造、销售信息数据化、智慧化，最后达到快速、有效、个人化的产品供应，目标是建立一个高度灵活的个性化和数字化的产品与服务的生产模式。在这种模式中，传统的行业界限将消失，创造新价值的过程发生改变，产业链分工被重组，并会产生各种新的活动领域和合作形式。

智能化与数字化是第四次工业革命的核心所在，数据则是其关键要素。数字技术、物理技术、生物技术有机融合，迸发出强大的力量；可植入技术、数字化身份、物联网、3D 打印、无人驾驶、人工智能、机器人、区块链、大数据、智慧城市等使社会发生深刻变革。如今，创新的发展速度和传播速度比以往任何时候都快，正如《第二次机器革命》一书所言，以当今计算机的聪明程度，我们根本无法预知几年后它们会有怎样的应用。

　　然而，第四次工业革命绝不仅限于智能互联的机器和系统。由于边际成本几近为零，数字企业的规模收益相当惊人。与10年前相比，今天创造单位财富所需的员工数量锐减。同样，数字产品的存储、运输和复制成本也几乎是零，对于许多供应"信息商品"的新型公司而言，所需投入的资本更少。此外，不同学科之间的协同与整合变得更为普遍和频繁，创新出许多科幻小说式的有形成果。比如，数字制造技术已经可以和生物学相互作用；设计师和建筑师将计算机设计、增材制造、材料工程学和合成生物学结合在一起，创造出新的系统，实现微生物、人体、消费产品乃至住宅之间的互动。

| 知识链接 |

　人工智能（AI）、机器学习（ML）、深度学习（DL）

　　人工智能（AI）是指机器能以我们认为智能的方法去执行任务这样一个宽泛的概念。它企图了解智能的实质，并生产出一种新的能以人类智能相似的方式做出反应的智能机器。

　　机器学习（ML）是人工智能的一个子集，指的是机器可以自主地学习数据来达到对应的目标，它为机器提供了自动学习和改进的能力，无需任何明确的编程。

　　深度学习（DL）是机器学习的子集，一个复杂的机器学习算法，指能够做出直觉决策的人工神经网络，它的最终目标是让机器能够像人一样具有分析学习能力，能够识别文字、图像和声音等数据。

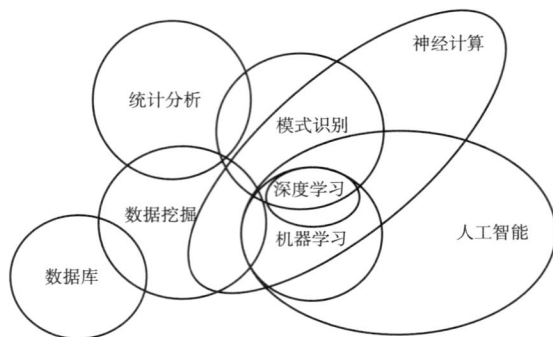

* 机器学习、数据挖掘及人工智能的关系

　　——参见 C 语言中文网刊载的《机器学习、数据挖掘及人工智能的关系》一文

（二）数据战争：数据资源与安全

　　当今，世界各国对数据的依赖快速上升，数据已成为国家基础性战略资源。国家竞争的焦点正从对资本、土地、人口、资源的争夺转向对数据的争夺。美国 2012 年发布了《大数据研究和发展倡议》，并成立"大数据高级指导小组"；2013 年又推出"数据—知识—行动"计划；2014 年进一步发布《大数据：把握机遇，维护价值》政策报告，启动"公开数据行动"，陆续公开 50 个门类的政府数据，鼓励商业部门进行开发和创新。欧盟也正在力推《数据价值链战略计划》；英国发布了《英国数据能力发展战略规划》；日本发布了《创建最尖端 IT 国家宣言》；韩国提出了"大数据中心战略"。[1] 中国多个省市也发布了大数据

---

1. 参见中国国际经济交流中心大数据战略课题组：《发达国家如何布局大数据战略》，载《中国经济报告》，2018 年第 1 期。

发展规划，国家层面的《关于促进大数据发展的行动纲要》也于2015年8月19日正式通过，大数据发展上升为国家战略。各国都将数据置于非常核心的位置，一场没有硝烟的"数据战"拉开帷幕。

全球数据空间没有国界边疆，数据安全成为国家安全的重要组成部分。2014年2月，习近平总书记在中央网络安全和信息化领导小组第一次会议上强调：网络信息是跨国界流动的，信息流引领技术流、资金流、人才流，信息资源日益成为重要生产要素和社会财富，信息掌握的多寡成为国家软实力和竞争力的重要标志。随着数字经济日益成为国际竞争的制高点，数据安全治理、数据安全保护立法也成为大国竞争的重要标志。特朗普政府发布的首份《国家安全战略报告》认为，数据信息是美国保持其技术优势的重要资源，一旦被他国获取可能对美国国家安全利益构成直接影响。欧盟现行的数据保护法《通用数据保护指令》于2018年5月25日在其成员国内正式生效实施。2021年6月10日，第十三届全国人民代表大会常务委员会第二十九次会议通过《中华人民共和国数据安全法》，进一步规范数据处理活动，保障数据安全，促进数据开发利用，保护个人、组织的合法权益，维护国家主权、安全和发展利益。数据资源事关国防和军事安全，重视和维护数据资源的完整性、保密性和可用性是维护国家安全的重要一环。

"数据战争"正成为国家冲突的新形式。要打好"数据战"，更要重塑"数据观"。2020年9月8日，我国外交部发布了全球数据安全倡议。倡议呼吁各国秉持发展和安全并重的原则，平衡处理技术进步、经济发展与保护国家安全和社会公共利益的关系，并欢迎全球信息技术企业支持。未来我国还将持续倡导"平等、共享、互利、自由"的数据安全观，以人类命运共同体的大格局观积极探索新型数据共享制度，探索出既有利于数字经济发展，又能够确保各国数据主权得到全球广泛认可的数据流通规则，为全球数字发展提供中国方案。

| 知识链接 |

跑步App泄露美军海外情报[1]

法新社29日报道，记录健身爱好者跑步轨迹的一款全球热门应用软件"斯特拉瓦"，可能暴露了美在阿富汗、伊拉克和叙利亚等地军事基地的相关敏感信息。

按今日俄罗斯电视台网站说法，"斯特拉瓦"由总部位于美国旧金山的初创企业"斯特拉瓦实验室"研发，健身爱好者在跑步时打开这款App，就可记录下自己的运动路线。

去年，"斯特拉瓦实验室"公开了一份健身追踪地图，显示全球超过10亿条跑步和骑车健身路线。该企业说，不会公开数据提交者身份，且数据上传为自愿行为。

然而，这份交互式在线地图无意中暴露了美国海外或公开、或秘密的军事基地位置，以及看上去像是海外驻军在基地外行走的常规路线。这些都可能被恐怖分子用来制造袭击。

这是因为在伊拉克、阿富汗和叙利亚等较偏僻贫困的地区，地图上的标记点尤为突出。而且，这些地区的跑步

1.此文参见2018年1月30日《新民晚报》。

者似乎经常围着一些特定建筑绕圈，这不仅标记出建筑所在地和规模，甚至连可能驻扎的人数都暴露了。

（三）题中要义：国家大数据战略

早在2013年，习近平总书记视察中国科学院时，就强调要发展大数据。2014年，大数据首次写入政府工作报告。同年，在中央网络安全和信息化领导小组第一次会议上，网络强国上升为国家战略。2015年，党中央、国务院多次提到大数据。国务院于7月和8月连续颁布的《关于运用大数据加强对市场主体服务和监管的若干意见》和《促进大数据发展行动纲要》，系统部署了我国大数据发展工作，并指出，立足我国国情和现实需要，推动大数据发展和应用。党的十八届五中全会针对国家"十三五"规划提出了建议，要求实施国家大数据战略。这是我国首次将大数据提升到国家战略的层面。2016年3月，《中华人民共和国国民经济和社会发展第十三个五年规划纲要》进一步深化了大数据国家战略，提出要"实施国家大数据战略，把大数据作为基础性战略资源，全面实施促进大数据发展行动，加快推动数据资源共享开放和开发应用，助力产业转型升级和社会治理创新。"

大数据纳入国家战略并不是一蹴而就，而是经历了长期的酝酿和实践。这几年，京、沪、渝、粤、贵等省市都制定了大数据规划。各地都在研究当地的发展方向、重点和措施，探索既适合当地又能快速发展的路径。以贵州为例，2014年"中国数谷"贵阳奇迹般地创造出五个"中国第一"——中国首个大数据战略重点实验室、中国首个全域公共免费WIFI城市、中国首个块上集聚的大数据公共平台、中国首个政府数据开放示范城市和中国首个大数据交易所。国家大数据战略正是以这些点为试验田，在各地经验逐渐成熟之后，通过顶层设计和局部突破相结合的方式实现全面布局。在国家战略的引领下，20多个省市已经发布了促进大数据发展的政策文件，现全国已规划或建设成255个数据中心，投入使用的有173个。贵州省作为中国最早开展大数据研究、开发和应用的地区之一，2015年率先建设了大数据产业发展试点示范区，2016年成为首个获批的国家级大数据综合试验区，并建设了全国首个大数据工程实验室，取得了显著成效，在中国大数据综合试验区发展中发挥了引领作用。

与此同时，其他省市坚定不移推进大数据战略行动。2021年，上海大数据普惠金融应用2.0正式启动；川渝大数据产业生态联盟成立，共推千亿大产业；河南省发布新基建计划，加快5G、大型数据中心等建设；安徽省建立全民健身大数据应用体系；全国首个家电再循环产业大数据平台落地青岛；国内首个海底数据中心项目在海南签约……2021年5月26日至28日，中国国际大数据产业博览会在贵阳举行。会上，国家发展和改革委员会宣布"全国一体化算力网络国家枢纽节点建设"正式启动，推动"东数西算"工程更好地实施。目前，贵州大数据企业超过4000家，产业规模总量达1300亿元，聚集了一批世界500强企业和国内领军企业，吸引了全球的关注。[1]

1.参见白春礼：《大数据：塑造未来的战略资源》，载《大数据时代》，2017年第3期。

| 知识链接 |

数据的生产力"无问西东"

"东数西算"就是把东部的数据拿到西部去处理运算。为此，中国电信基于SDN技术构建起高带宽能力的数据中心互联专网网络，推出了"云间高速"。"云间高速"将中国电信天翼云的资源池连为一体，为用户提供全网任意天翼云资源池之间的安全、高速、便捷的网络互联通道，让"东数西算"中不同地区的数据能够畅通无阻地奔驰在云间，实现数据之间的高速互访。"东数西算"工程的开展，意味着云服务不再局限于物理位置。

为什么要"东数西算"？我国东部有大量科技型公司的数据需要存储、处理，而我国西部绿色能源相对丰富，有利于为数据中心提供源源不断的可再生能源，大幅降低其运行维护成本。为了助力我国数据中心实现差异化、互补化、协同化、规模化发展，"东数西算"工程将每个领域都交给更适合的地方去建设，可以避免重复性的投入和资源浪费，显著提升全国数据中心建设的整体效率，这对于形成数字化全国一盘棋建设有着非常重要的作用。

近年来，"东数西算"工程在产业层面已有实践，包括通信业、金融业、互联网行业在内的众多企业纷纷在贵州、甘肃等西部地区布局了数据中心。以中国电信云计算贵州信息园为例，该数据中心坐落在贵州省贵阳市贵安新区，存储量相当于46亿部高清电影，是国家级数据中心和国家级战略性新兴产业发展示范基地。

——参见2021年5月31日中国电信天翼云发布的

《一文读懂！"东数西算"工程将有哪些重要信息》一文

　　发挥企业的主阵地优势，打造实验室的技术驱动地位，构建开放的数据格局是国家大数据战略发展的重要落脚点。[1]实施国家大数据战略，一方面，巩固了大数据的国家战略地位；另一方面，更是具体强调了大数据在现代化经济体系、国家治理现代化方面不可替代的关键作用。未来，还要加快政府数据共享开放，促进市场数据交易流通，统筹大数据资源；服务治理能力提升、民生改善和经济转型，促进大数据应用；实现自主知识产权的关键技术和产品突破；建设大数据功能型设施，加强数据采集和储备；加强数据安全防护，提高安全保障能力；完善政策措施，健全标准体系，营造发展环境。大数据发展要上接顶层设计，中合行业发展，下接当前现实，消除发展带来的泡沫，引导行业实现持续的良性发展。

1. 党西民：《国家大数据战略及对未来的影响》，载《中共云南省委党校学报》，2016年第17卷5期。

第 **3** 章

应对数字变局　我国经济社会换道超车的历史机遇

我们要顺应第四次工业革命发展趋势，共同把握数字化、网络化、智能化发展机遇，共同探索新技术、新业态、新模式，探寻新的增长动能和发展路径……

　　——国家主席习近平在第二届"一带一路"国际合作高峰论坛开幕式上的讲话（2019年4月26日）

　　当前，世界百年未有之大变局加速演进，新冠肺炎疫情影响广泛深远，与此同时，第四次工业革命和新一轮产业变革方兴未艾，带来数字技术快速发展，使其日益成为改变全球竞争格局的关键力量。世界各国纷纷在前沿技术研究、跨境数据流动、数字货币研发、数字税征收和数字安全保护等领域进行前瞻性布局。当此之际，我国要紧紧抓住数字化发展新机遇，抢占未来竞争制高点，实现经济社会的换道超车。

一、数字化为我国实现换道超车带来千载难逢的机遇

　　纵览世界文明发展史，从农业时代到工业时代，再到信息时代，每一次工业革命都推动生产力不断变革和大幅跃升，带来人类文明的巨大进步。英国抓住第一次工业革命的机遇，用蒸汽机打开了新世界的大门，在全球范围内布局世界工厂，成为世界上第一个实现工业化的国家；美国和德国借助第二次工业革命的机遇，在发电机、内燃机等方面率先实现突破，带动电力、能源化工、石油开采等一系列新兴领域的群体性发展，在短时间内后来居上，超越英国；凭借在计算机和信息技术等领域的领先优势，美国再次主导第三次工业革命，强势崛起成为世界上唯一的超级大国并延续至今。据经济史学家麦迪森统计，1820 年西方国家 GDP 占全球 GDP 的比重约为 25.5%，而 1913 年这一比重增加至约 55.2%，[1]可以说，工业革命给人类

1.参见安格斯·麦迪森［英］:《世界经济千年史》，伍晓鹰、许宪春译，北京大学出版社第1版第1次印刷，2003年11月。

带来了前所未有的财富创造力。近现代大国的崛起与强盛，也都与紧紧抓住工业革命的机遇息息相关。

回顾我国文明发展史，中华民族曾创造了辉煌灿烂的古代文明，在人类社会发展中曾长期处于领先地位。古代中国在天文学、数学、建筑学等领域均取得过卓越的成就，制作了可遥测地震发生方向的地动仪；发现了勾股定理这一"几何学的基石"；建造了万里长城、都江堰、故宫等宏伟壮丽的伟大工程；造纸术、指南针、印刷术和火药的发明与传播更是对世界文明的发展产生深远的影响。据经济史学家麦迪森统计，至公元1000年，整个亚洲包括日本在内的GDP总量约占世界总份额的70.3%，而当时的欧洲只占世界总份额的14%。然而，东西方文明在15世纪前后发生了大分流，我国人均GDP从1500年到1820年300多年间的增长率几乎为零，一直徘徊在600元左右，至公元1820年，我国人均GDP约仅为西欧的二分之一。[1]

近现代以来，我国更是一次次错失工业革命的机遇，被迫拉大和强国的差距，为此遭受自鸦片战争以来跨越百年的惨痛，国家积贫积弱、人民屡遭压迫，甚至从一个主权完整的国家逐步沦为半殖民地半封建社会，陷入落后挨打的境地。无数仁人志士一次次地提出救国图强方案，太平天国的农民起义、"中体西用"的洋务运动、尝试改良的戊戌维新运动、群众性的义和团运动、走资产阶级民主革命道路的辛亥革命，屡屡以失败告终。直到十月革命一声炮响，给中国送来了马克思列宁主义，

1.参见安格斯·麦迪森［英］：《世界经济千年史》，伍晓鹰、许宪春等译，北京大学出版社第1版第1次印刷，2003年11月。

在马克思列宁主义同中国工人运动的结合过程中，中国共产党应运而生。中国共产党诞生以后，中国共产党领导中国人民历经彪炳史册的万里长征、抵御侵略的抗日战争、横扫大江南北的解放战争、抗美援朝的立国之战、改革开放的关键一招，终于迎来国家独立、人民解放、经济社会发展和民族复兴的伟大新时代。

当下，第四次工业革命扑面而来，数字技术的突破成为新一轮科技革命的核心内容。是否适应和引领数字化的发展，关乎一个国家的兴衰，关乎一个国家的发展和民族的未来。习近平总书记在全国网络安全和信息化工作会议上就曾指出：信息化为中华民族带来了千载难逢的机遇……第四次工业革命把世界各国拉到同一条起跑线上，为我国经济社会的发展提供了千载难逢的机遇，我国有希望凭借广阔的国内市场以及对旧技术范式相对较低的依赖性，在新兴技术领域换道超车，实现跨越式发展。

（一）数字技术对人类社会产生颠覆性变革

进入21世纪，人类正在步入数字化和智能化的新时代，相较于前三次工业革命，第四次工业革命对人类社会的影响更加广泛而深刻，互联网、大数据、云计算、人工智能和区块链等技术加速创新，日益融入经济、政治、文化、社会和生态文明建设全过程各领域。数字技术的广泛应用在进一步减少体力劳动的同时，更是把人类从复杂的脑力劳动中解放出来，带来生产方式的巨大变革和生产效率的大幅提升。经济学家施瓦布曾提出全世界进入颠覆性变革新阶段，他认为数字技术将给世界带来具有颠覆性和创新性的巨大影响。[1]

数字技术带来生产方式的颠覆性变革。当下，数字应用已经渗透到了经济社会各个领域，数据作为一种新的生产要素，相比劳动、资本等传统生产要素，正在对经济社会发展产生更为深刻的影响。机器设备的性能优化、定制生产领域的按需生产、信息服务中的个性化推送、电子商务行业的精准销售、智慧城市建设中的大数据分析，都离不开数据的存储、处理、分析和应用。数字技术在与实体经济融合的过程中，在赋能传统产业转型升级的同时，更是催生了电子竞技运营师、短视频审核员、数据标注员、无人机驾驶员、共享平台、位置导航、智慧物流、无人配送等一系列新产业、新业态、新模式。数字技术催生合作新方式，推动全球分工进一步演进和升级，如设在卢旺达首都基加利的"带你到中国"展厅，通过"展厅看样、远程商谈、保税库出货"的方式，可以快速成交跨境订单；2021年11月，昆明至老挝首都万象的铁路完成全线供电线路的检查验收，在这项工程的建造中，中老两国技术团队合作完成了27项智能工具的研发和应用等工作，共同实现中老铁路的"数智建造"。

数字技术引起生活方式的颠覆性变革。数字技术如今已经融入社会交往和日常生活的方方面面，从衣食住行，到业教保医，数字生活无处不在。在医疗服务方面，患者可以享受在线挂号、AI问诊、就诊扫码付、配药到家等便捷就医体验。在居家生活方面，人们可以用声音控制门窗开关、借助扫地机器

1.参见克劳斯·施瓦布［德］：《第四次工业革命：转型的力量》，李菁等译，中信出版社第1版第1次印刷，2016年6月。

人完成清洁打扫、通过烟雾报警器实时监控水电安全。在日常出行方面，导航软件可以帮助驾驶员规避拥堵路段、上班族使用手机扫码即可进站、公交司机通过小程序远程调节车内空调、私家车根据车主习惯自动调节座位。在教育教学方面，校园巡逻机器人可以通过面部识别对学生身份进行认证、读者可以在图书馆自主检索和借还相关书籍、偏远地区学生可以通过网上课堂跟随名师进行学习。在社会治理方面，相关部门利用互联网技术实现异地办证、居民使用掌上App随时进行民意反应。在娱乐游玩方面，线上音乐会、虚拟展览、云旅游、VR游戏……进一步丰富了人们的日常生活。

（二）科技革命与中华民族伟大复兴历史性交汇

党的十八大以来，我国科技领域发生了历史性变化，取得了历史性成就。目前我国科技实力正处于由量的积累向质的飞跃、点的突破向系统能力提升的重要转变时期。习近平总书记在2018年6月的中央外事工作会议上指出："当前我国处于近代以来最好的发展时期，世界处于百年未有之大变局，两者同步交织、相互激荡。"站在第四次工业革命与中华民族伟大复兴历史性交汇点上，我国既面临千载难逢的历史机遇，也面临严酷的挑战。我们必须意识到，有的历史性交汇期可能产生同频共振，有的历史性交汇期也可能擦肩而过。如何把握住这一重要战略机遇期，是我们领跑新一轮科技革命的重大战略任务。

从国际上看，第四次工业革命和新一轮产业变革正在蓬勃发展，数字技术正成为国际战略竞争的焦点，围绕数字领域制高点的博弈空前激烈，同时，数字经济发展之快、辐射之广、影响之深前所未有，正在成为全球要素资源重组、全球经济结构重塑、全球竞争格局重构的关键力量；从国内看，七十多年来，中华民族从贫困中奋起，从经济发展相对落后到GDP突破百万亿，从温饱不足到全面小康，实现了从站起来、富起来到强起来的伟大飞跃。今天的中国已经成为世界第二大经济体、第一大货物贸易国、第一大工业制造国和第一大外汇储备国，创造了经济快速发展和社会长期稳定两大奇迹。但同时我国发展不平衡不充分的问题仍然十分严峻，重点领域和关键环节的改革任务依然艰巨。

以习近平同志为核心的党中央观大势，谋全局，深化改革，全面发力，立足新发展阶段，贯彻新发展理念，构建新发展格局，推动高质量发展。与此同时，科技革命日新月异，为我国社会主义现代化建设注入强大动力，与我国质量变革、效率变革、动力变革形成历史性交汇，为我国在更高起点上走进国际科技前沿、实现弯道超车，提供千载难逢的机会窗口。科学技术从来没有像今天这样深刻影响着国家的前途命运，从来没有像今天这样深刻影响着人民生活。

（三）中国积极参与和引领新科技革命发展

回顾百年奋斗史，我们党在各个历史阶段都高度重视科技事业。从革命时期重视知识分子工作，到中华人民共和国成立后吹响"向科学进军"号角，到改革开放提出"科学技术是第一生产力"的论断，再到新世纪深入实施知识创新工程、科教兴国战略、人才强国战略，不断完善国家创新体系，建设创新型国家。当人类历史又一次全新的科技革命席卷而来时，中国更是牢牢抓住这一千载难逢的机遇，一改前三次革命的被动地位与落后身份，积极自觉地参与和引领。党的十八大以来，党中央高度重视中国融入第四次工业革命的进程，从党的十八届五中全会提出实施国家大数据战略，到《中华人民共和国国民经济和社会发展第十四个五年规划和2035年远景目标纲要》明确提出"加快数字化发展""建设数字中国"，各地相继出台具体实施方案和行动计划，构建完备的政策配套体系，一幅数字中国画卷正加速展开。

今日中国，在数字经济建设的众多领域已居于全球领先地位。信息基础设施建设持续推进，光纤和移动通信网络规模全球第一，其中4G基站数量在全球4G基站总量中的占比超过50%，5G基站已实现全国所有地级以上城市全覆盖；窄带物联网网络规模全球第一，截至2020年年底，移动物联网连接数达到12亿，基本实现县城以上连续覆盖。数字经济与实体经济不断融合发展，目前电子商务总量全球第一，移动支付总额全球第一，信息和通信技术产品出口规模全球第一，计算机通信和其他电子设备制造业增加值规模全球第一，数字经济总量全球第二。数字技术创新能力不断提升，"墨子号"量子卫星成功升天，成为全球首颗空间量子科学实验卫星；北斗卫星导航系统全球组网运行，我国成为世界上第三个独立拥有全球卫星导航系统的国家；"九章二号"和"祖冲之二号"量子计算原型机问世，我国成为全球唯一在光量子和超导量子体系达到"量子计算优越性"里程碑的国家；人工智能技术研究进展显著，知识增强视觉—语言预训练模型ERNIE-ViL刷新5项多模态经典任务的世界最好效果。

历史早已多次证明，谁占据了工业革命和产业变革的制高点，谁就会在今后的发展中占据主导权。我国要牢牢把握住新一轮科技革命赋予的历史机遇，统筹中华民族伟大复兴战略全局和世界百年未有之大变局，不断开拓数字发展新蓝海，以数字化培育新动能，用新动能推动新发展，不断书写更加辉煌的新篇章。

二、日新月异的全球数字竞争版图

（一）全球数字竞争态势日益激烈

当今世界处于百年未有之大变局，数字变局更是牵一发而动全身的关键所在，各个国家纷纷出台数字化发展战略，加大对数字领域的投入。美国白宫在2019年12月发布《联邦数据战略与2020年行动计划》，指出未来十年联邦政府的数字愿景是将数据作为战略资源来开发，并把聚焦点从数字技术转移到数字资产上。欧盟委员会在2020年2月发布《欧洲数据战略》，旨在保护隐私的前提下，充分挖掘数据的价值，使其造福经济社会，并期望在2030年将欧盟打造成为世界上最具吸引力、最安全的"数字敏捷型经济体"。我国在2020年5月发布《关于新时代加快完善社会主义市场经济体制的意见》，进一步提出加快培育发展数据要素市场，标志着数据要素市场化配置上升为国家战略。日本在2020年7月发布《创建最尖端数字化国家宣言·官民数据活用推进基本计划》，旨在促进数据在医疗卫生、社会保障和农业生产等方面的应用，并希望凭借新一代数字技术打造更有活力的经济社会。英国在2020年9月发布《国家数据战略》，旨在进一步促进数据在政府间和社会上的使用，以推动创新创业、提供就业机会，帮助英国尽快从疫情中恢复。当然，在数字竞争中，各国均致力于争夺数字领域制高点，抢占国际数字规则、标准的制定权，白热化的数字竞争让全球数字发展充斥着火药味。

不断加剧的数字竞争推动世界政治经济格局加速演进，目前，数字空间逐渐形成中美两国领先、欧洲紧随其后、英日等国发展各有特点的格局。

（二）各国数字竞争焦点日趋多元

随着数据资源日益成为经济发展的重要驱动力和国际竞争的重要组成部分，各国的竞争焦点也发生了转变，从新闻媒体、电商和社交等平台竞争转移到对关键技术和数据掌控力的竞争，内容涵盖高端芯片制造、跨境数据流动、数字安全、数字税、数字货币治理等众多领域。

各国高度重视数字技术布局，纷纷加速研发应用进程。美国把人工智能技术灵活应用于抗疫领域，科学家可以凭借新型机器学习算法对上亿种化学物质进行筛选，并快速识别出可作用于新冠肺炎防治的备选药物；医护人员亦可以通过 AI 技术对患者的病情进行预测，提前锁定可能会发展成严重呼吸系统疾病的患者，并采取针对性治疗措施。日本理化学研究所和大型机电厂商富士通合作研发的超级计算机"富岳"在大数据处理和模拟计算等方面性能优越，并于 2020 年 6 月以每秒 41.5 万万亿次的运算速度荣登全球超算榜首，11 月更是以每秒 44.2 万万亿次的运算速度打破此前自身创造的世界纪录。德国在 2020 年更新了《国家人工智能战略》，在原先 30 亿欧元的基础上增加20亿欧元以支持人工智能研究，同时德国科学联席会议决定投入1.33亿欧元对人工智能能力中心和高校中的人工智能教育进行资助。法国高度重视数字技术的军事应用，批准军队进行"超级战士"研发，包括使用药物、假肢和植入芯片等，对士兵的大脑和体能进行强化。我国在《中共中央关于制定国民经济和社会发展第十四个五年规划和二〇三五年远景目标的建议》中明确，在事关国家安全和发展全局的基础核心领域，制定实施战略性科学计划和科学工程，瞄准人工智能、量子信息、集成电路等前沿领域，实施一批具有前瞻性、战略性的国家重大科技项目。

各国加快数字基础设施建设，推动普及化和优质化发展。美国进一步加快工业互联网基础设施建设，拜登竞选演讲中宣布的基建投资计划，超过一半是对新兴技术领域的支持，主要涉及先进制造业、新技术、新能源、产业基础设施配套等，其中先进制造业相关的投资约3000亿美元。欧盟委员会制定了到2030年实现欧洲数字化的路线，提出"2030数字罗盘"计划，指出到2030年，所有欧洲家庭应实现千兆连接，所有人口密集地区应实现5G覆盖。日本发布《ICT基础设施区域扩展总体规划2.0》，通过2020年度预算拨付方式加快5G和光纤的铺设进度，并宣布到2023年年底将5G基站数增加到21万个，为原始计划数量的3倍。德国发布《国家工业战略2030》，认为工业生产中应用互联网技术逐渐成为标配，以实现制造、供应和销售信息的数据化、智慧化。我国发布《"双千兆"网络协同发展行动计划（2021—2023年）》，计划用三年时间，基本建成全面覆盖城市地区和有条件乡镇的"双千兆"网络基础设施。

各国纷纷制定跨境数据流动新规则，抢占全球数字经贸规则主导权。欧盟致力于打造单一数字市场，对于成员国内部的数据自由流动持积极鼓励的态度，但对成员国之外的跨境数据传输却有着严格的管控。欧盟于2018年5月正式实施的《通用数据保护条例》对个人数据的跨境流动进行了严格限制，规定数据的首次转移和再转移均需满足以"充分保护"为核心的多项原则。与欧盟相比，美国对跨境数据流动主要采取积极利用的态度，政府较少进行干涉，更多地采用相关行业进行自我约束的方法。但在一些重要领域，政府也并没有放松监管，如要求境外网络运营商签订安全协议，并要求将用户数据等重要信息存储在美国境内。澳大利亚政府积极寻求数据流动跨境合作，在2020年3月修订了《电信拦截和接入法案》，允许协议国基于执法目的，互相跨境访问通信相关数据。同月，为促进澳大利亚和新加坡之间的经济一体化，两国签订了关于跨境数据流动的谅解备忘录，以加强数据治理方面的合作。我国于2021年11月向《数字经济伙伴关系协定》保存方新西兰正式提出申请加入，旨在新发展格局下与各成员加强数字经济领域合作、促进创新和可持续发展，展现我国参与全球经济治理的坚定决心。

| 知识链接 |

《数字经济伙伴关系协定》

《数字经济伙伴关系协定》（Digital Economy Partnership Agreement，简称DEPA）由新加坡、智利、新西兰三国于2020年6月12日线上签署，是旨在加强三国间数字贸易合作并建立相关规范的数字贸易协定。该协定包括16个模块，以电子商务便利化、数据转移自由化、个人信息安全化为主要内容，并就加强人工智能、金融科技等领域的合作进行了规定。

数字货币发展势头强劲，多国央行加快探索研发。为了维持美元作为世界主要储备货币的地位，美国"数字美元项目"在2020年5月发布白皮书，要求政府加快探索通用、结构良好且持久耐用的数字美元，使其可以在零售支付、跨境汇款和福利管理等诸多方面发挥作用。欧盟将数字欧元视为欧洲央行和欧元区各国中央银行发行的一种电子货币形式，希望借助数字欧元缓和自然灾害等极端事件的影响，同时为维护欧元区的金融稳定和数字主权作出贡献。瑞典央行联合埃森哲公司于2020年2月开始法定数字货币试点，主要通过模拟测试环境来观测普通民众对电子克朗的使用情况。瑞典政府希望将电子克朗作为现有支付系统的有力补充，以弥补现有系统的风险性和脆弱性。日本央行在2020年7月发布相关报告，着重探讨把数字货币作为现金等价物所涉及的技术性问题。同时，日本政府关注数字日元发行过程中的个人信息保护问题，以及央行和私营部门之间的角色划分。到2021年，全球范围内数字货币的发展更为迅猛。截至2021年8月，全球已有80多个国家在探索央行数字货币。2021年6月9日，萨尔瓦多共和国国会通过法案，从9月7日正式将比特币作为国家法定货币，成为全球第一个法定比特币主权国家。我国央行从2014年开始开发人民币数字货币，目前已经基本完成顶层设计、标准制定、功能研发和联调测试等工作，正处于内部封闭试点测试阶段。人们普遍预测，人类已经使用了上千年的纸币，有可能会在未来几十年逐渐销声匿迹。

数字税成为国际规则制定的新桥头堡，各国接连出台征收政策。 截至2021年3月，全球已有包括意大利和英国等在内的46个国家开征或拟征数字税。意大利在2020年1月开始对部分数字服务进行征税，课税对象为全球营收超过7.5亿欧元且在意大利境内收入不低于550万欧元的科技企业。英国于2020年4月对全球销售额超过5亿英镑且至少有2500万英镑来自英国用户的非本土互联网科技企业进行征税。肯尼亚政府颁布的《2020年数字服务税收条例草案》于2021年1月1日正式生效，条例规定对数字服务征收占总交易价值1.5%的税费，不遵守规则的企业将被限制进入肯尼亚市场。美国则对数字税的征收持反对态度，并于2020年6月对欧盟、巴西和印度等10个贸易国的数字税再次开启"301调查"，以确定这些法案是否会对其商业构成负担，以及是否具有歧视性。

| 知识链接 |

数字税[1]

数字税，即数字服务税（Digital service tax），是一种以大型数字平台为征税对象，以一定的业务规模为征税条件，以解决数字时代跨境税收争议为目的的新税种。数字税由欧盟首先发起，主要针对谷歌、苹果、Facebook等美国企业，引发全球数十个经济体的效仿，但美国的关税制

1.参见2021年4月国家工业信息安全发展研究中心发布的《数字税的概念详解、全球进展和有关影响》。

裁，是美欧贸易摩擦的关键线索。

各国全面强化数字安全保护，以应对日趋严峻的数字安全威胁。美国从国家安全角度出发，关注数字基础设施的安全建设，于2018年5月发布的《国家网络安全战略》指出要完善国家关键基础设施的安全和可靠性；2020年3月发布的《2020年5G安全及超越法案》进一步提出保障美国第五代和未来几代通信系统和基础设施的安全。欧盟在保护个人隐私数据的同时，强调对公共数据安全的保护，作为成员国的爱尔兰在建立国家数据开放门户的同时，成立了公共机构咨询小组，用来保证开放的数据符合标准，以及开放数据的安全性。日本也关注物联网领域的安全，总务省于2017年10月出台了《物联网安全综合对策》，对物联网安全对策进行部署，2019年批准法案授权日本国家信息与通信研究院针对物联网设备安全展开监督。

AI技术快速发展，人工智能伦理日益受到各国重视。美国公共政策委员会早在2017年年初就推出《算法透明和可责性声明》，指出鼓励利用算法进行决策的组织对算法所依据的程序进行具体解释，同时要求监管者健全救济机制，允许群体对算法决策结果提出质疑。新加坡个人数据保护委员会于2019年1月发布了亚洲首个人工智能监管模式框架《人工智能监管框架范例》，强调人工智能技术要以人为本，指出企业依据人工智能作出的决策需要足够透明且具备合理解释依据。欧盟委员会于2019年4月发布了由人工智能高级专家组编制的《人工智能道德准则》，指出AI发展应以人为中心，人工智能的发展并不是为了发展其本身，最终是为了人类谋福祉。日本政府于2019

年6月出台的《人工智能战略2019》，强调人工智能技术研发和应用中的以人为本、保护隐私和安全保障等诸多原则，致力于构建人工智能社会原则多边合作框架。

展望未来，随着新一代数字技术与经济、社会和政治等各方面的深度融合，数字时代大国的竞争更加聚焦于网络空间的同时，也会在更多的领域和节点展开，数字空间话语权的强弱将会成为衡量综合国力的重要标志。

三、他山之石，可以攻玉

回首全球发展史，任何国家都不可能在闭门造车中实现发展，都需要吸收和借鉴其他国家的优秀成果来完善自身。中华人民共和国成立初期，我们以苏联为师，借鉴其社会主义革命和建设的经验，短时间内完成社会主义改造，建立起社会主义经济制度；改革开放初期，我国引进先进的现代化生产线、职业经理人制度等，有效加快了社会主义市场经济建设步伐。当下，世界各国紧跟第四次工业革命，加快推进数字化战略，大力发展数字经济。"他山之石，可以攻玉。"我国要在立足自身发展的基础上，积极学习借鉴各国先进经验，博采众长，进一步推进数字中国建设。

（一）美国——依托持续领先的技术创新，巩固数字领域全球竞争力

美国是数字革命的重要发源地，美国政府始终重视前沿技术的研究。在资金投入方面，2021年6月参议院投票通过

《2021美国创新和竞争法案》，承诺在5年内投入约2500亿美元用于芯片、人工智能、量子计算等关键技术领域研究。在战略合作方面，美国与英国签署人工智能研发合作宣言，以加强两国在人工智能研发方面的合作；与日本签署《量子合作东京声明》，进一步促进两国量子信息科学和技术发展；与波兰等国签署5G协议，以推动本国5G电信基础设施发展。在机构设置方面，美国白宫科技政策办公室于2021年1月成立国家人工智能倡议办公室，专门负责实施国家AI战略，并作为联邦政府在AI决策过程中与学术界和其他利益相关者进行协作的中心枢纽。此外，美国强调推进先进制造业回流，以推动实体经济数字化转型，如拜登政府强调利用税收手段促进制造业回流，通过区分美国公司国内外的关税征收方式，将美国公司的外国子公司赚取的收入税收从10.5%增加到21%，以激励公司将分支转移回国内……

（二）欧盟——关注大型互联网公司的垄断行为，力图构建良好的数字发展生态体系

2021年6月22日，欧盟委员会再次对谷歌公司的在线广告业务启动反垄断调查，以确定其是否在数据和服务上存在排除竞争对手的行为，这是5年之内对谷歌启动的第四次反垄断调查。此前，欧盟委员会就因为垄断行为对谷歌进行过3次处罚，累计罚款金额超过90亿美元。欧盟高度关切平台经济的健康发展，为应对大型互联网公司的垄断行为，欧盟委员会于2020年12月出台《数字服务法案》和《数字市场法案》。其中《数字市场法案》是针对超大型数字平台可能实施的不公平竞争

行为进行严格限制的一套新监管工具，法案直指大型数字平台的核心利益，得到欧洲议会审议通过后，谷歌可能会向其他搜索服务平台免费提供数据，苹果的IOS系统可能会接入第三方应用下载商店，不再只有"App Store"一个软件下载入口。此外，法案也赋予了欧盟委员会更大的调查权，在必要时，欧盟委员会可以直接派遣专家对企业进行现场视察，并要求企业提供一切必要的资料。

（三）英国——以数字政府引领数字化转型

英国是全球电子政务建设的领先者，在数字革命浪潮来临之际，英国积极打造"世界数字之都"，在《联合国电子政务调查报告》中一直名列前茅，其提出的数字包容、政府转型等理念影响广泛，自身的数字政府服务模式也被许多国家效仿。在顶层设计方面，自2012年以来，英国先后出台多项政府数字化转型战略，英国政府在2017年发布《政府转型战略（2017—2020）》，指出要强化"数字政府即平台"的理念，促进政府跨部门建设共享平台，提高政府数字服务效能的同时，改善民众与政府之间的关系。在官员设置方面，为了协调全国数字化工作，英国专门设立电子大臣全面领导和协调各部门与信息化相关的工作，并直接向首相汇报，同时设立电子特使，用于制定数字化相关的战略和政策，并推进各项政策的具体实施。在政务数据的开放和应用方面，英国政府开发了"Data.gov.uk"网站，该网站是一个一站式数据开放平台，民众可以在平台上获取国防、教育、健康和社会等各领域的数据。在数字服务质量方面，数字服务局制定了数字服务关键绩效指标，包括每笔业务成本、用户满意度、完成率等内容，用于定期评估英国政府的在线服务质量。

（四）日本——利用数字技术灵活缓解老龄化问题

根据日本总务省数据，2021年日本65岁及以上的老年人口占总人口比例高达29.1%，位居世界榜首，这意味着几乎每四个日本人中就有一个接近古稀之年的老人。基于此，日本政府灵活运用了数字技术，以缓解超老龄社会的养老压力。在公共交通方面，为降低老年司机引发的交通事故数量，日本政府鼓励车厂进行智能化改造，主要对车辆增加油门误踩抑制系统和自动刹车等安全配备。在智能型养老产品研发方面，日本企业开发出了声控的智能轮椅，使用者只要发出"前进""后退"等口令，轮椅就能按照指令办事，在上下坡时，轮椅会自动调节速度以确保安全运行，还研发了具备情感交流、喂食和洗发等各种功能的养老型机器人。此外，日本注重日常生活细节的智能化改造，争取在减少数字鸿沟的同时降低老年人的学习成本，如针对不会使用智能手机的老年人，研发人员将其住所所在地的邮筒改造成智能打印机，并与子女的手机进行绑定，子女只要将最新的新闻进行共享，邮筒就能自动识别并打印出一份纸质版的文件，方便老年人阅览。

（五）新加坡——打造先进数字基础设施，构建数字竞争新优势

新加坡是全球数字基础设施最发达的经济体之一，在华为发布的2020全球联接指数中位居世界第二，仅次于美国。在

数据中心建设上，新加坡是多区域的数据中心枢纽，吸引了包括谷歌云和亚马逊云在内的大量云服务和多媒体内容提供商，还与众多亚太市场接入了海底电缆。在公共基础设施方面，2021年4月，新加坡金融管理局发布有关面向包容性数字经济的关键基础设施的报告，旨在缓解用户在使用数字基础设施时存在的普遍性和可操作性问题，报告指出有效的数字基础设施需要具备四个功能，分别是在进行身份验证时保护用户隐私、通过授权使用数据来保证数字交易安全、确保用户结算时国内外交易系统无缝衔接、为用户支付和财务规划提供便利。在智慧城市建设上，新加坡政府制定实施"智慧国家2025"计划，提出建设覆盖全岛数据收集、连接和分析的基础设施和操作系统，以便给公民提供诸如利用电眼观察环境清洁、使用无人驾驶车辆进行短程载送等更好的公共服务。

　　放眼全球，新一轮科技革命和产业变革正在加速重构数字竞争版图，各国纷纷推出数字战略，布局数字空间，数字化建设特点鲜明，各有侧重。面对数字竞争，我国要牢牢把握科技革命与中华民族伟大复兴的历史性交汇所带来的重要战略机遇，借鉴强国经验，创新发展路径，顺势而上，聚势而强，实现经济社会的换道超车。

第 **4** 章

拥抱数字经济　既要抢先更要行稳

当今时代，数字技术、数字经济是世界科技革命和产业变革的先机，是新一轮国际竞争重点领域，我们一定要抓住先机、抢占未来发展制高点。

——习近平总书记在中共中央政治局第三十四次集体学习时的讲话（2021年10月18日）

　　智者顺时而谋。当今世界，数字化大潮滚滚向前，面对百年未有之大变局，加快建设数字中国是大势所趋，由数字经济、数字社会、数字政府、数字生态构成的数字中国图景渐趋清晰。作为数字中国战略中的"重头戏"，数字经济发展速度之快、辐射范围之广、影响深度之深，早已上升为国家战略，相关政策数量迎来井喷式增长。

　　什么是数字经济？国务院新近印发的《"十四五"数字经济发展规划》指出：数字经济是继农业经济、工业经济之后的主要经济形态，是以数据资源为关键要素，以现代信息网络为主要载体，以信息通信技术融合应用、全要素数字化转型为重要推动力，促进公平与效率更加统一的新经济形态。从字义层面来看，数字经济可以拆分成"数字＋经济"。"数字"一词有两个含义，一是数据要素参与经济活动，二是数字技术支撑经济活动，即数字经济主要依托于数据和技术双轮驱动。当然，作为一种经济形态，数字经济在实践层面也有着更为丰富的含义，可以被概括为数字产业化和产业数字化，二者互为补充和加持，构成了数字经济的基本内容。当前，我国数字经济呈现出增速快、规模大、潜力好的发展态势，在"数据要素市场化""上云用数赋智""工业互联网"等政策的引导下，数字经济连续15年保持高增长。据中国信息通信研究院统计，2020年，我国数字经济总量达5.4万亿美元，同比增长9.6%，总量位居世界第二，增速位居世界第一。着眼未来，在网民优势、制度优势、政策优势、后发优势以及创新发展蓝图的保障下，数字经济必将在我国迸发出强大生命力和巨大发展潜力。当然，作为新生事物，数字经济发展一定是机遇与挑战并存。在抢占高地的同时，要避免盲目跟风、一哄而上，防止产能过剩、资源浪费，要把握发展规律，建立健全相关制度，扬数字经济之所长，避数字经济之所短，既要"抢抓先机"，更要"行稳致远"，推动数字经济规范健康持续发展。

一、异军突起的第五生产要素

数据成为第五生产要素是一个循序渐进的过程。生产要素是一个经济学概念，指的是从事生产经营活动时需要的各类资源，包含劳动、资本、土地等维系正常经济社会运行的必备要素。生产要素并非是一成不变的，而是不断演进的，在不同的经济发展阶段有着不同的具体内容。1662年，威廉·配第提出"劳动是财富之父，土地是财富之母"[1]，在漫长的农业经济时代，土地和劳动一直是最重要的生产要素，二者结合形成农业经济发展基础。第一次工业革命后，机器大生产基本取代手工生产，资本登上历史舞台，成为工业经济时代的重要生产要素，并逐渐衍生出技术、知识、管理等生产要素。数字革命意味着数字经济时代已经到来，政府、机构和企业开始重视数据蕴含的价值，用"比特"来描述的数据逐渐成为重要资源。2019年，党的十九届四中全会首次把数据纳入生产要素，提出"健全劳动、资本、土地、知识、技术、管理、数据等生产

1.威廉·配第［英］著：《赋税论》，马妍译，中国社会科学出版社第1版第1次印刷，2010年4月。

要素由市场评价贡献、按贡献决定报酬的机制"，[1]这无疑是对数据生产价值与要素地位的极大肯定。2020年，中共中央、国务院发布的《关于构建更加完善的要素市场化配置体制机制的意见》重新定义了新五大生产要素，它们分别是土地、劳动力、资本、技术和数据。自此，数据作为21世纪的新生命力，正式成为第五生产要素。

数据要素催生经济增长新动能。随着数字技术的应用，世间万物产生关联，最终形成海量数据，这些数据蕴含着巨大价值，已成为驱动经济社会发展的新动能。具体来说，数据要素主要有三个作用。第一，乘数作用。数据要素与其他生产要素结合后，可以形成"一加一大于二"的正协同效应，数据可以促使传统要素发生革命性裂变和聚变，提高全要素生产率，放大劳动力、资本、技术等传统生产要素在生产过程中的价值。第二，优化配置。事实上，数据要素确实不能生产馒头、房子和汽车，但它可以使生产馒头、房子和汽车的过程变得更安全、更高效、更环保。数据要素可以促进资源优化配置，实现供给与需求的精准对接。第三，替代作用。数据要素可以替代部分传统生产要素，以减少经济社会中物质资源的使用，用更少的投入创造更高的价值。例如，移动支付可以减少基础设施建设的大规模投入，无人工厂则可以降低生产对人力资源的依赖。

淘沙成金、聚沙成塔的关键在于落实好数据要素市场化改革。进入数字经济时代，与经济增长和社会发展相关的各项活

1.史丹、邓洲：《促进数据要素有效参与价值创造和分配》，载《人民日报》，2020年1月22日。

动已开启数字化进程，这个进程生产着海量的数据，这些数据被发现、分析、加工，其价值持续得到提升、叠加、倍增，但是它们分散于各个环节，不易被量化，不易被收集，也不容易转换为有价值的信息、知识和智慧。所以必须重视数据要素市场化改革，形成完善的产权体系、定价机制、交易机制、分配机制、监督机制和法律保障，建设统一开放、协调有序、权责明晰的数据要素市场。数据要素市场就是将尚未完全由市场配置的数据要素转向由市场配置，其目的是形成以市场为根本的调配机制，实现数据流动的价值或者使数据在流动中产生价值。我国在数据要素市场化改革方面已取得很多成就，但仍处于初级阶段。建立、完善、维护数据要素市场是一个复杂的系统工程，需要社会各界通过"摸着石头过河"，探索出一套符合中国国情的数据要素市场体系。2020年4月，中共中央、国务院发布《关于构建更加完善的要素市场化配置体制机制的意见》，明确将数据市场列为需要加快培育的五大核心生产要素市场之一，标志着数据要素市场化改革被提上日程。2021年6月，《中华人民共和国数据安全法》正式印发，表明开发和利用数据已进入有法可依的新阶段。同时，多个省市也开始建立数据开放共享平台，着力于完善数据要素市场化配置。北京模式、广东模式、江苏模式纷纷涌现，成为推进数据要素市场化改革的可借鉴范本。

| 知识链接 |

广东省的数据要素市场化配置改革

《广东省数据要素市场化配置改革行动方案》是我国

首份数据要素市场化配置改革文件，包含着广东省数据要素市场化配置改革的主要思路，即"1＋2＋3＋X"。其中，"1"是坚持"全省一盘棋"，表明全省统筹推进。"2"是构建两级数据要素市场结构，加强政府部门和市场主体的合作，激发各类市场主体活力，打造竞争有序的市场体系。"3"是推动数据新型基础设施、数据运营机构、数据交易场所三大枢纽建设，保证数据要素能在各个环节中畅通循环。"X"是推进各个领域场景数据要素赋能，释放数据生产力潜能。

——参见《一图读懂广东省数据要素市场化配置改革行动方案》，载广东省人民政府官网，2021年7月11日

二、数字技术点亮数字经济未来

数字技术是与计算机相伴相生的一门技术，它可以将文、声、图等信息转化为计算机语言，并将其进行储存、加工、分析、传递，主要包括云计算、人工智能、区块链等。数字技术的核心价值在于连接和计算，它通过连接人口、资源、环境以及其背后的数据流，实现现实与虚拟空间的协同，建立起企业与企业、个人与个人、个人与企业间的立体结构，深刻影响着经济社会生活的变革和发展。目前，我国数字技术发展正处于从"跟跑和并跑"向"并跑和领跑"转变的关键时期，数字技术正在加速与经济社会生活中的各领域融合，为数据融通、系统整合、服务共享提供技术底座，大幅提高整体经济效率，已成为推动传统行业转型与新兴行业发展的关键，是我国在数字

经济时代取得竞争优势的"不二法宝"。

（一）用云计算敲开数字经济大门

云计算是一种"计算"模式，在这种模式下，用户不再需要购买设备，可以像获得自来水一样，通过互联网从提供者那里获取专业化的计算存储服务。云计算由三类数字服务构成，包括基础设施服务、平台服务和软件服务。[1]其中，基础设施服务能为客户提供计算、储存、网络等基本服务，就像毛坯房，用户仍然需要自己进行硬装（构建平台）和软装（开发系统）；平台服务提供业务开发、运行和部署的平台，就像简装房，用户只需要自己进行软装（开发系统）；软件服务提供最终的应用和业务，就像精装房，用户按需购买，拎包入住。通过社会分工和规模效应，云计算可以优化资源配置，盘活闲置资源，进行资源整合，全面提高现有资源的利用率，降低新资源的建设成本，提升全社会的计算储存服务能力，它已成为新一代数字技术的实现基础。

如果将大数据比作养料，云计算就是运送养料的通道，是数字技术得以落地的基础，也是支撑数字经济发展的底座。从2006年亚马逊计算云问世至今，经过十多年的发展，我国云计算市场已经相对成熟，市场规模也从最初的十几亿增长到如今的千亿。据中国信息通信研究院统计，2020年，我国云计算市场总体规模为2091亿元，增速高达56.6%。随着相关技术不断完善、政策环境不断优化，云计算的应用领域开始从互

1.参见章瑞：《云计算》，重庆大学出版社第1版第1次印刷，2020年6月。

联网向零售、金融、制造、交通、医疗等传统行业渗透，已深入到我们生活的每一个角落，智慧酒店、智慧家居、智慧影院、智慧园区等场景都离不开云计算。在金融业领域，随着金融行业"互联网＋"战略步伐的不断加快，越来越多的金融机构开始关注分布式云计算架构，其中瑞银银行、邮储银行和兴业数金已利用云计算完成数字化转型。在制造业领域，随着传统制造业依托工业互联网走向"智造"，云计算给制造业带来许多变化，衍生出机械故障预测、虚拟仿真工具、即时报价等众多新生产系统，帮助制造厂商降低生产成本、提高服务质量、缩短上市时间、提高安全性，成为传统制造业数字化的关键一环。

| 知识链接 |

云计算助力酒店行业智慧加码

智慧酒店依托云计算、物联网和人工智能等众多数字技术，通过智能终端设备完成酒店的运营和管控，为住客提供数字化、智能化、网络化的服务，解决传统酒店人力需求大、管理成本高、数据安全性低的痛点。如今，在消费升级和追求美好生活的大环境下，越来越多的酒店开始致力于数字化转型，未来前台、声控遥控器、语音管家、刷脸入住等智能应用场景不断涌现，智能化转型无疑成为酒店业激烈竞争中的蓝海，为酒店业带来更多机遇与收益。

——参见《云计算助力酒店行业智慧加码》，载搜狐新闻，2020年11月2日

（二）人工智能掀起数字革命浪潮

一千个人眼中有一千个人工智能。有人认为人工智能是通过普通计算机实现的智能，有人认为人工智能是用与人类智能相似的方式作出反应的机器。总而言之，人工智能主要研究如何使用机器复现人类智能，研究内容包括机器学习、人机交互、知识图谱、计算机视觉、自然语言处理、虚拟现实、生物识别等。自2012年以来，以深度学习为代表的人工智能技术浪潮汹涌澎湃，新的算法和技术层出不穷，技术红利充分释放。据互联网数据中心统计，2020年，我国人工智能软件应用市场规模已经达到230.9亿元，人工智能软件应用市场快速发展壮大。

人工智能不是虚像，不是空中楼阁，它为我们带来实实在在价值的例子比比皆是。在人工智能从"探索期"向"成长期"过渡的过程中，弱人工智能顺利进入商业化应用阶段，应用场景不断向深层延伸，已进入零售、金融、制造、医疗、交通、教育、物流、旅游、公共安全等多个垂直领域。近年来，"以人为本"成为人工智能的重要发展方向，人工智能逐渐从科学殿堂走到民众中间，例如无人驾驶、人脸身份识别、机器客服等技术，它们的价值更多体现在帮助人类解决效率、安全、易用性等问题，从而提升每个人在不同场景下的体验。未来，新一代人工智能将会在政府治理经济、企业大数据应用、产品创新、数字创意等方面创造出更大的价值。虽然我国的人工智能产品已经在不断迭代中实现较大突破，在经济社会生活中得到广泛应用，但目前仍处于初级发展阶段，未来还有很长的路要走。中国要抓住当前人工智能领域的众多机遇，在人工智能的基础技术研究和关键技术攻关上取得突破，追求更高水平的创新性发展，催生出更多的新技术、新产品、新业态、新产业、新区域，使生产生活趋于智能，供需对接更加精准，社会分工走向专业。

| 知识链接 |

无人驾驶小巴车"阿波龙"

2018年，我国首款无人驾驶电动小巴车"阿波龙"进入全面量产阶段。"阿波龙"由百度和金龙汽车联合开发，因为是无人驾驶小巴车，所以"阿波龙"没有配置驾驶位。"阿波龙"主要针对景区、机场、校园、园区等"最后一公里"接送，目前已经用于园区的自动接驳，未来计划进入其他市场，让无人驾驶小巴车出现在公交、班线、旅游等更多的应用场景下。

——参见2021年8月6日网易汽车刊登的《百度Apollo推出自动驾驶小巴阿波龙Ⅱ》一文

（三）区块链为数字经济发展赋能

数字化世界面临一个严峻的挑战：盲人摸象。任何组织都不可能获得全部数据，一般只有基于自身业务的有限数据，但是可供学习、分析的数据越多，决策、预测、评估的结果越准确，而区块链技术就是改变"数据孤岛"现象的关键，在数据储存、数据筛选、数据定价、安全计算等方面都发挥着重要作用。2009年，区块链技术因比特币的问世而受到持续性追捧；2015年，区块链技术开始从比特币中分离出来，逐渐成为一项独立的数据技术。对区块链最直接的解释是：它是一个分布式的共享数据库。"去中心化"是区块链的核心特征，人人都可以参与数据处理，大家共同记账、互相验证、达成共识。我们将区块链比作一个靠挖金子谋生的村庄，最初，村长是全村的记录员，负责记录挖金子的状况，"去中心化"的意思是不再使用村长一人记录的方式，而是每个村民都随身携带记事本，村里谁挖到金子，就用村口大喇叭通知所有村民，每一个村民都在自己本子里记下相同的内容。

相较于传统资产，储存在区块链中的数字资产具有诸多优势特点，包括不可篡改、可追溯、公开透明、集体维护、加密安全、可编程等。区块链的核心应用场景大多是基于这些特点，比如关乎民生的食品药品安全，利用区块链技术，可以实现从生产、加工、质检、流通到销售的全部环节上链，防伪溯源，从根本上解决食品药品安全问题。目前，金融业仍是区块链技术的最大应用场景，区块链技术在支付清算、资金管理、贸易融资、供应链金融等细分领域都有所布局。除此之外，区块链还在零售、制造、教育、保险，甚至国家反腐、公共治理等多个领域都有广泛应用。未来，区块链还将与云计算、人工智能、物联网以及经济生活的方方面面融合发展，助力人工智能，实现更高程度的"智能"。习近平总书记在参加中央政治局第十八次集体学习时强调，我国在区块链领域拥有良好基础，要加快推动区块链技术和产业创新发展，积极推进区块链和经济社会融合发展。根据"区块链之家"的监测，2018年，我国区块链进入发展高峰期，企业数量达到1.8万家，近两年，区块链行业发展逐步回归理性，增速有所放缓。2020年，我国共有4.8万家区块链企业，市场规模已达到32.43亿元，区块链项目的数量居世界首位。我国已将区块链作为战略前沿技术来发展，随着国家战略的深入推进，区块链技术将凝聚更深程度、更大范围的发展共识，与多行业的融合将进一步深化，成为我国数字经济发展的重要驱动力量。

| 知识链接 |

水滴互助上链

2020年12月，"水滴区块链"项目正式上线，该项目主要通过区块链技术提高网络互助业务的安全度和透明性。针对网络互助业务信息不对称的问题，"水滴区块链"项目可用于公示互助业务中的救助计划、家庭信息、身体状况、确诊日期、已筹集款项和已划拨款项等信息，在保护个人隐私的前提下，大大提高网络互助业务用户信任度。

——参见《水滴互助上链：利用区块链技术打造透明安全互助业务》，载新浪财经，2020年12月4日

（四）物联网为数字经济提质增效

从字面意思来看，"物联网"就是"物物相连的互联网"，物联网主要通过感知设备连接人、物、系统以及其中蕴含的信息资源，搭建起沟通物理世界和虚拟世界的桥梁。[1]物联网有以下几方面的特征：一是"物"，物联网中的"物"可以是很多东西，如无人机、网联汽车、货运集装箱等，但必须要具备可控制、可通信、可识别等特点；二是"联"，物联网诞生于互联

1.参见中华人民共和国质量监督检验检疫总局、中国国家标准化管理委员会发布的《物联网　术语》。

网，其本质仍是传递信息；三是"网"，物联网不仅仅可以提供物物间的连接，与云计算结合后，也具备一定的大数据处理能力，并衍生出自主信息反馈、自主学习、智能控制等能力。在我国，物联网已经进入各行各业，用户规模持续扩大。据工业和信息化部统计，截至2021年5月末，我国的三家基础电信公司已有12.58亿位物联网用户，用于智慧公共事业、智慧交通和智能制造的用户数分别占22.1%、17.6%和17.3%。在数字经济时代下，随着监管的规范化，物联网将呈现出迅猛的发展态势，由野蛮生长迈向高质量发展，成为促进我国数字经济发展的重要手段。

时至今日，物联网技术正悄无声息地改变着一切。共享单车就是最常见的物联网应用案例，通过部署窄带物联网，共享单车的开锁延迟大幅缩短，极低的功耗使得单车无需更换电池，维护成本大大降低。不只是共享单车，我们家中也出现越来越多由物联网驱动的智能家居；我们的快递包裹通过无人分拣快速出库；工厂内部的物联网设施帮助企业简化生产流程，实现无人工厂；农业大棚里的物联网设备联通着温度和湿度传感器，可实现远程调控和精准灌溉。风正时济，自当破浪扬帆；任重道远，还需策马扬鞭。实际上，在"万物互联"的美好愿景下，仍然蕴含着全球范围内物联网发展及应用的激烈竞争，我国迫切需要扩宽物联网的应用边界，提升自己在该领域里的核心竞争力，秉持统筹协调、创新发展、需求牵引、有序推进、安全可控的理念，推出具体的方案、计划和政策，推进物联网有序健康发展。目前，我国正在加快推进5G网络建设，工业和信息化部的数据显示，2020年，我国已新建58万个5G基站，所有地级市都实现5G覆盖。5G的应用与普及将为物联网打造更多的应用场景，放眼未来，物联网将从各方面获取更多信息，并与其他数字技术深度融合，推动虚拟数字世界与现实物质世界整合为一，一个万物智能的世界即将到来。

| 知识链接 |

全球首个物联网未来园区

2018年，阿里巴巴菜鸟推出全球首个基于物联网技术的未来物流园区，物流园区在中国无锡成功落地。通过物联网技术，园区已实现物流园区经营管理的智能化、仓储和生产的自动化，园区中智能摄像头可以进行自动化计算，并对数据进行实时监测，相较于传统的物流园区，物联网未来园区的运营效率至少提升20%。

——参见《菜鸟宣布启动物流物联网战略 全球首个未来园区亮相》，载腾讯科技，2018年5月31日

三、数字经济塑造未来产业

疾风知劲草，烈火见真金。2020年，疫情之下数字经济的"补位"作用突出，展现出强大的韧性和优势，数字化转型由"可选项"转为"必选项"。我国出台了关于数据市场化改革、数字基础设施建设、数字产业化发展、产业数字化转型等一系列推动数字经济发展的政策措施，为数字经济发展注入强劲动力。进入后疫情时代，数字经济将进一步崛起，成为中国经济发展新引擎。一方面，数字产业化实力进一步提高，数字技术

催生出层出不穷的新业态，一批物联网、区块链、5G、云计算企业创新发展，数字产业体系趋于完备，不断向全球产业链中高端跃进。另一方面，产业数字化转型迎来新机遇，农产品供应链数字化进程加快，智能制造发展前景好，服务业数字化转型加速，依附于数字技术的"新物种"接替涌现，产业数字化在未来拥有着广阔的成长空间。

（一）数字产业化：数字经济发展的先导力量

数字产业化指以数据为生产要素，通过数字技术的应用落地，把数字技术优势转化为产业优势，推动数字产业持续健康发展，并提升其他产业的盈利能力，最终形成数字产业链和数字产业集群的过程。数字产业化是数字经济发展的先导，为数字经济发展提供产品、技术、服务和解决方案，包括电信业、电子信息制造业、软件和信息技术服务业、互联网和相关服务业，具体包括但不限于云计算、区块链、5G、集成电路等。

在政策支持、科研导向和经济形势等多重因素的影响下，我国数字产业化发展路径可圈可点，数字产业规模持续壮大，2020年已达到7.5万亿元，占GDP的比重为7.3%。其中，电信业务一直保持着稳中有升的发展态势。随着数字技术的发展，IPTV、互联网数据中心、云计算、人工智能等新兴业务不断拓展，在数字产业中的占比越来越高。2020年，我国电信业务收入达到1.36万亿元，随着5G商用的快速推进，电信业有望在未来进入高速增长期，预计将贡献更多的经济增量，对数字产业的支撑能力将大幅增强。2020年，我国规模以上电子信息制造业营业收入突破12万亿元，占工业营业收入的11.4%，电子信息制造业的产业地位不断凸显。软件和信息技术服务业保持较快增速，2020年，我国规模以上的软件和信息技术服务业企业已超过4万家，累计完成收入约8.2万亿元。互联网和相关服务业保持平稳发展态势，2020年，我国规模以上的互联网和相关服务企业完成业务收入1.3万亿元。随着互联网普及率的提升，平台经济模式蓬勃兴起，互联网和相关服务业将迎来更大发展。

　　我国数字产业化稳步发展，各区域都应抢抓数字经济发展机遇，在精准研判自身资源禀赋的基础上，充分发挥本地区位、资源、政策等优势，与周边区域协同发展、互联互通，形成各具特色的发展模式，力争成为全国数字经济发展典范。其中，通过"双城联动"，深圳和广州已形成技术创新和产业发展的合力，共同推进数字产业发展，借助人才资源丰富、激励机制完善、研究机构众多等优势，携手抢占新高地。作为数字产业化发展的前沿阵地，长三角已形成较为完备的政策体系，以上海为中心，与杭州、南京、合肥、苏州、宁波等城市优势互补，形成"一核五圈"的区位布局。近年来，山西省着力于推进"云安山西""云惠山西""云殖山西"和"云聚山西"四大特色项目，重点推进特色数字产业发展，省内的大数据产业呈现蓬勃发展态势，全省共对接100多个相关项目，投资金额预计已超过800亿元。[1]南宁市也在推进数字广西建设工作中取得突出成就，已引进多个拥有核心技术的数字经济龙头企业，拥有国内屈指可数的国际通信业务出入口。

1.参见齐泽萍：《数字经济，"点燃"山西经济发展新动能》，载《山西经济日报》，2019年3月9日。

| 知识链接 |

数字经济重点产业[1]

云计算	加快云操作系统迭代升级，推动超大规模分布式存储、弹性计算、数据虚拟隔离等技术创新，提高云安全水平。以混合云为重点培育行业解决方案、系统集成、运维管理等云服务产业。
大数据	推动大数据采集、清洗、存储、挖掘、分析、可视化算法等技术创新，培育数据采集、标注、存储、传输、管理、应用等全生命周期产业体系，完善大数据标准体系。
物联网	推动传感器、网络切片、高精度定位等技术创新，协同发展云服务与边缘计算服务，培育车联网、医疗物联网、家居物联网产业。
工业互联网	打造自主可控的标识解析体系、标准体系、安全管理体系，加强工业软件研发应用，培育形成具有国际影响力的工业互联网平台，推进"工业互联网＋智能制造"产业生态建设。
区块链	推动智能合约、共识算法、加密算法、分布式系统等区块链技术创新，以联盟链为重点发展区块链服务平台和金融科技、供应链管理、政务服务等领域应用方案，完善监管机制。
人工智能	建设重点行业人工智能数据集，发展算法推理训练场景，推进智能医疗装备、智能运载工具、智能识别系统等智能产品设计与制造，推动通用化和行业性人工智能开放平台建设。
虚拟现实和增强现实	推动三维图形生成、动态环境建模、实时动作捕捉、快速渲染处理等技术创新，发展虚拟现实整机、感知交互、内容采集制作等设备和开发工具软件、行业解决方案。

（二）产业数字化：数字经济发展的主阵地

"从数据中来，到实体中去"是我国产业数字化的发展理念。产业数字化指以数据为驱动要素，通过新一代数字技术赋能，实现产业上下游全方位数字化转型，提升产业价值和运营效率的过程，包括但不限于工业互联网、智能制造、车联网等。产业数字化是"融合"与"创新"的马拉松，是连接传统产业

1.参见《中华人民共和国国民经济和社会发展第十四个五年规划和2035年远景目标纲要》。

与新型产业、传统企业与科技企业的纽带，通过技术服务、平台建设、设备上云等方式赋能各行业全面转型升级，激发传统行业的数字化活力。据中国信息通信研究院统计，2020年，我国产业数字化规模达31.7万亿元，占GDP比重达31.2%，占数字经济比重由2015年的74.3%提升至2020年的80.9%，我国产业数字化发展迅猛，已成为数字经济发展主阵地。

产业数字化革命已在各产业全面铺开。据中国信息通信研究院统计，2020年，我国服务业数字经济、工业数字经济、农业数字经济增加值占总体增加值的比重分别为40.7%、21%和8.9%。在农业数字化方面，种植业、畜牧业、渔业等传统农业的数字化转型提速，数字技术正沿着农业产业链由销售端向生产端持续渗透，农产品电商、AI养猪、植物工厂、休闲观光农业等农业新型业态不断涌现，赋予农业新的发展活力。在工业数字化方面，越来越多的企业尝到数字化改造的甜头，工业设备和业务系统上平台、上云进度加快，发展智能制造的浪潮高涨，制造企业设备的数字化率持续提高，依托智能制造云和工业互联网两大支撑系统，我国在智能制造领域取得亮眼成绩，全国各地的智能工厂、智能车间、智慧园区数量激增。在服务业数字化方面，消费者体验数字化、商家运营数字化、管理者治理数字化齐头并进，未来酒店、智慧餐厅、即时配送、智慧超市等极大地提升了居民生活便利度，智慧零售和智慧金融正以前所未有的速度实现规模化落地，逐步渗透进日常生活的方方面面。

产业数字化在我国呈现出势如破竹、百花齐放的发展态势，已成为各省市数字经济发展的主攻方向。其中，杭州市在产业数字化领域具有较大优势，已成为全国产业数字化的增长极。一方面，杭州已建成我国首个跨境电商综合试验区，致力于构建"海、陆、天、铁"一体的智能物流体系，加速新电商重点项目建设，不断优化电商发展环境。另一方面，杭州是全国第一个实现无纸币的城市，移动支付的覆盖率和服务深度居全国第一。广东省立足实际，聚焦制造业数字化，截止到2020年，全省已有88个智能制造试点示范项目，涉及城市主要包括广州、深圳、珠海、东莞等。陕西省正大力落实数字陕西战略，重点发展数字化小微园区，并开展"5G＋智慧教育""5G＋智能制造""5G＋智慧医疗"等应用示范项目。近年来，为推动新一代数字技术与传统制造业融合发展，武汉市正着力打造三大世界级数字产业集群，已建成多个国家级创新平台，智能化改造"周五之约"已成为武汉推动企业新技术改造的品牌活动。

（三）时代分水岭：数字经济塑造未来产业

当前，世界正经历百年未有之大变局，新一轮产业变革和科技革命方兴未艾，数字经济席卷全球，颠覆性数字技术排浪式涌现，释放出巨大的发展动能，数据、算法和算力作为数字技术的重要支撑，进入公众视野。伴随着大数据时代、算法时代、算力时代的到来，数据、算法和算力成为数字经济发展的关键因素，它们无处不在，对生产方式、商业模式、盈利模式的影响越来越大，正在重塑未来产业，以消费者为中心的环状产业链逐渐形成，组织重构成为企业的破局之路，"新物种"在各个领域不断涌现。

在数字经济时代，产业链正在发生重大变革。首先，数字经济给产业链带来很多新企业，使整个行业发生颠覆性改变。随着数字技术的发展，数字技术类企业会源源不断地进入到产业链中，这些新企业能扩宽产业链边界，最终击穿原本的行业壁垒，为价值链、企业链、供需链和空间链间的跨链合作提供条件，跨界难度显著下降，跨界合作成为一种普遍的发展趋势。其次，产业链变得越来越短，各行各业的效率显著提高。"互联"是数字化转型的核心，在数字技术的支撑下，消费者可以跨越层层经销商直连到厂商或品牌商，厂商或品牌商也可以跨越层层代理商直连到原材料供应商或代工企业，产业链长度不断缩短，运营效率显著提升。最后，以客户为中心的环状产业链逐渐形成，产业链中的各企业走向既竞争又合作的共赢关系。通过数字技术深度分析消费者后，产业链上的各点位将围绕在消费者周边，产业链上下游本着合作共赢的心态，与供应商和客户构建新型关系，实现产销融合，最终在数字化、网络化、智能化的趋势下赢得一席之地。

在一个产业的内部，企业组织结构也会发生变化。在数字经济时代，成功数字化转型的企业会对因循守旧的企业形成降维打击。在未来，企业组织结构变化将有以下几个趋势。首先，团队有"去中心化"发展趋势，逐渐形成扁平化组织。在数字经济时代，市场瞬息万变，为适应外部环境的快速变化，充分激发人的活力，很多组织的职能部门被打散，网格型的组织架构成为主流，一个员工可以是这个项目的成员，也可以是那个项目的成员，企业中的多数员工都将直接面对用户需求，都需要创造用户价值，并在创造用户价值的过程中实现自我价值。其次，企业组织边界不断扩展，资源整合范围最终将扩至全球。

在未来，关键不在于企业拥有多少资源，而在于企业能关联、链接、聚集多少资源，每一个组织都需要扩宽边界，熟悉产业和资本的结合，把握实体和虚拟的融合，在企业内部形成一个全新的多维发展空间。最后，平台型智能组织成为数字经济时代的主流发展趋势。只有在企业内部构建智能组织，才能够保证企业持续不断地、自发地快速学习和自我更新，"后台＋中台＋前端＋生态"的平台型组织模式能打通企业内部流程和外部生态，快速响应客户需求，有效实现市场突破。

随着数字经济向更高水平发展，各领域都涌现出很多"新物种"。数字经济新物种大体可分成四大类。第一类是新产品，比如电子书、智能手机、数字电视、无人驾驶汽车、智能家居等；第二类是新模式，比如直播带货、电子商务、远程医疗、远程办公等。第三类是新业态，比如共享经济、懒人经济、工业互联网等。第四类是新职业，比如外卖小哥、网络销售员、电子竞技员等。其中，共享经济发展迅猛，规模已超千亿元。当支付越来越简单，获得越来越便捷，获得成本越来越低，越来越多的人会选择共享经济，共享单车、共享雨伞、共享充电宝、共享衣橱等项目如雨后春笋，遍及金融、出行、生产等众多领域。在数字经济时代，时间变得越来越宝贵，使得众多依托于满足"懒人"需求的企业开始出现并且快速发展，懒人经济随之盛行，已成为数字经济发展进程中的一抹亮色。随着人工智能的出现和发展，外卖点餐平台、O2O洗衣平台、扫地机器人等可以满足人们"懒"的需求，使人们的生活变得更简单、舒适、便捷。

数字经济已成为不可逆转的经济发展趋势，是全球范围内市场经济竞争的新高地，也是各国未来努力的方向。在此背景下，我国要把握住未来产业特征，培养壮大新产业、新业态、新模式，培育专精特新"小巨人"、制造业单项冠军等优质企业；抓住当下的发展机遇，用数字经济撬动内需，引领经济增长，把负责任的理念和逻辑融入数字经济的每个环节，发展负责任的数字经济；通过数字化转型推动生产工具、生活方式和治理手段变革，积极应对逆全球化、低增长、规则重构等挑战，实现更高质量的经济发展。

第 5 章

建设数字社会　塑造智慧中国新貌新颜

我国数字经济发展较快、成就显著。根据2021全球数字经济大会的数据，我国数字经济规模已经连续多年位居世界第二。特别是新冠肺炎疫情暴发以来，数字技术、数字经济在支持抗击新冠肺炎疫情、恢复生产生活方面发挥了重要作用。

——习近平总书记在中共中央政治局第三十四次集体学习时的讲话（2021年10月18日）

数字社会是社会转型与新一代信息技术深度融合的产物，也是促进精细化社会管理的手段和方法。面对第四次工业革命引爆的数字经济快速发展并融入经济社会发展各领域全过程，人们普遍认为，以数字为核心要素的数字社会是继农业社会、工业社会之后全新的社会形态。这一新社会形态蕴藏着巨大发展活力和创新动能。在党中央的正确领导下，中国数字社会建设的成效已日渐显著。接下来，要进一步发挥数据大国、经济大国和网络大国的放大、叠加、倍增效应，推动数字中国建设不断迈上新台阶。

一、数字民生：满足人民美好生活新需要

2021年11月，习近平总书记在党的十九届六中全会上全面总结新时代我国经济社会发展巨大成就时指出："在社会建设上，人民生活全方位改善，社会治理社会化、法治化、智能化、专业化水平大幅度提升。"全方位改善人民生活，就是要加强以民生为重点的数字社会建设，持续关注民生问题，不断保障和改善民生。将数字技术应用到民生建设中，建设以人民为中心的数字社会，推进数字教育、数字医疗、数字养老、数字就业、数字社保、数字助残、数字环保等，是不断满足人民日益增长的美好生活需要的关键一环。

（一）以人民为中心的数字民生观

这是一个数字化、信息化的时代。让数字化更好地亲民、惠民，注定是这个时代的使命担当。2015年10月，党的十八届五中全会鲜明提出要坚持以人民为中心的发展思想，把增进

人民福祉、促进人的全面发展、朝着共同富裕方向稳步前进作为经济发展的出发点和落脚点。2021年11月，在党的十九届六中全会上，习近平总书记再一次强调："践行以人民为中心的发展思想，不断实现好、维护好、发展好最广大人民的根本利益。"以人民为中心的思想是贯穿中国共产党百年奋斗历程和我国经济社会发展全局的主线，中国共产党人的初心和使命，就是为中国人民谋幸福，为中华民族谋复兴。数字社会建设更应以人民为中心，始终把保障和改善民生作为数字社会建设的核心使命，让人民充分享受数字化带来的红利。

民生是最大的政治。政府从高频政务服务入手，最大程度运用区块链、人工智能、大数据等数字化技术，围绕教育、医疗、就业、养老、社保、助残、文体、抚幼等与人民群众生活密切相关的民生领域，实现数字教育均等化，数字就业公平化，数字医疗、养老、就业便利化，数字环保高效化。人民美好生活是民心之向，数字技术改变着时代场景，也创造着未来生活。

民心是最大的政治。通过优化政府办事方式，丰富政府服务渠道，大力推进高频政事"跨省通办"，减跑动、减材料，实现"即刻办、线上办、就近办、跨省办"。通过信用监管和"互联网＋监管"，确保大小事有人管、大小责有人负，落实无缝衔接，对失信和欺诈行为"零容忍"，切实维护人民合法权益。在数字化发展中，加强全国一体化政事平台移动端建设，推动"跨省通办"，各事项"指尖办、掌上办"。[1]让百姓少跑腿、数据

1.参见2020年9月29日国务院办公厅发布的《关于加快推进政务服务"跨省通办"的指导意见》。

多跑路，破除部门壁垒和地域阻隔，使群众异地办事便利化，通过为民、便民赢得民心，不断提升人民群众的幸福感。

数字化技术逐渐融入人们日常生活各个场景，不仅悄然改变着人民生活方式，也彰显了数字化转型中的人本价值和人本导向。更重要的是，各级党委政府在建设数字社会的过程中，提升公共服务、社会治理等体现出以人民为中心的发展思想。这一过程不仅放大了人民群众的"数字权利"，而且拓展了"数字伙伴"，丰厚了"数字获得"。通过数字化赋能民生各领域，在发展民生中赢得民心，让民生服务插上数字化的翅膀。

（二）数字化助力民生各领域

《中华人民共和国国民经济和社会发展第十四个五年规划和2035年远景目标纲要》（以下简称《纲要》）提出："适应数字技术全面融入社会交往和日常生活新趋势，促进公共服务和社会运行方式创新，构筑全民畅享的数字生活。"2020年，大数据、人工智能、区块链等技术充分融入新发展格局，发挥数字赋能作用，推动社会各领域的数字化转型和高质量发展。线上教育、数字医疗、在线办公、网上购物、无接触配送等都是数字化助力民生领域的现实场景，此类服务通过聚焦教育、医疗、就业、养老、社保、抚幼、文体、助残、环保等重点领域，能够有效确保各项民生工作的顺利开展，推动数字化政事普惠应用，进一步提升人民群众获得感。

1.数字教育

建设教育强国是实现中华民族伟大复兴的基础工程，"十四五"时期，我国教育将进入高质量成长阶段。新一代信息技术的迅速发展，为建设高质量教育体系提供了有利条件。教育改革发展的外部环境和宏观政策已发生深刻变化，通过全面推进"互联网＋教育"实现教育现代化是建设数字教育的应有之义。在教育领域，多媒体教室、录播教室、智慧教室等新媒体教学方式在提高教学质量上起到了重要载体的作用，以慕课为代表的大量优质视频课件资源、在线答疑和互动社区为促进基本教育均等化提供更多途径。数字教育不仅使教育管理智能化，更促使教育资源得到有效配置。

2.数字医疗

数字化医疗有效解决百姓就医难的问题。医院就医流程烦琐、挂号排队浪费时间等一直是困扰人民群众就医防病的难题。近年来，数字化医院的建设不断让"互联网＋医疗"的发展成果普惠民众。一部手机在手，就可便捷地完成看病就医全流程。例如医保结算线上完成，减少患者排队审核流程；领取电子医保凭证，看病不用带卡；医院药方可流转到药店，复诊购药足不出户；饿了么等平台开通24小时送药，夜间买药不发愁。数字化医疗不断改变着医疗领域的未来，也不断实现着人民群众"在家门口看病就医"的美好愿景。

| 知识链接 |

"云胶片"能进一步覆盖医用胶片市场吗

2020年12月31日，国家卫健委印发了《关于进一步规范医疗行为促进合理医疗检查的指导意见》，在机制创新层面，要求医疗机构通过建立资料数据库或"云胶片"等形式，推动检查资料共享。所谓云胶片即存储在云端的电子胶片，医疗机构在进行X线摄影、CT扫描、MRI扫描时，将原始生成的无损压缩DICOM格式图片储存在服务器上，患者可通过扫描二维码进行身份验证后不限次数浏览和下载电子胶片，每位患者都有自己的专属空间，用以保存全部影像资料，可为转诊和复诊提供便利。

3. 数字养老

《纲要》提出"实施积极应对人口老龄化国家战略"。截至2020年年末，我国60岁及以上人口约有2.64亿。面对巨大的老龄群体，传统养老转型为数字养老势在必行。面对许多老人不愿意离开家庭的困境，市场亟需一种能够让老人居家养老的新模式。数字养老开创了医养结合的新模式，通过数字化监测实现老人居家就医、家政预约、精神关爱等，大到问诊、送医，小到送饭、清理，数字养老不仅节省传统照护服务的高人力成本，也满足了老年人健康养老的服务诉求。

4. 数字就业

数字化就业是实现劳动者就业率提升的重要增长点。《纲要》强调：要加快推动传统行业数字化转型，开发更多高质量就业机会。[1] 数字化就业是顺应生产方式和生活方式的数字化转型趋势，围绕数字化平台，借助数字化技术，创造数字化商品

---

1. 国家发展和改革委员会编写：《〈中华人民共和国国民经济和社会发展第十四个五年规划和2035年远景目标纲要〉辅导读本》，人民出版社第1版第1次印刷，2021年3月。

和服务的新就业方式。[1]《纲要》提出将促进就业作为经济社会发展的重要内容，健全就业公共服务体系。要推进信息服务智慧化，建立全国统一的信息系统，推动信息互联互通和数据共享，实现供求双方的即时匹配、智能匹配。人力资源服务业将数字技术引入招聘过程，通过网络招聘、视频面试、AI面试、新兴媒体推介、"直播带岗"等数字化方式提高岗位供需结合效率，进一步构建了现代化、高效化的数字就业服务体系。

5.数字社保

数字社保服务体系依托数据互联互通，将传统社保服务引向便捷、高效、透明的"同城通办"时代。要完善社会保障管理体系和服务网络，在提高管理精细化程度和服务水平上下更大功夫，提升社会保障治理效能。安全完善的全国统一社会公共服务平台，互通的各业务部门管理服务和数据平台，即时的底层数据，是加快构建中国特色社会保障服务高质量运行的重要支撑。数字社保是传统服务方式的智能化转型。我国采取在各公共服务中心开设社保窗口和开展"社银合作"的方式，为人民群众提供"家门口的社保窗口"。将来，在数字化社保转型中，还应持续升级办事手段、实现减窗强效，切实提升社保"一站式""就近办"等服务功能，全面建立数字社保多元服务系统。

6.数字助残

关爱特殊群体，反映着一个城市和社区的温度，更反映着一个国家、民族的情怀。数字化助残服务为残疾人士安全居家

1.孙璇、吴肇光：《数字化就业的演进历程、发展瓶颈与促进数字化就业的策略研究》，载《产业经济评论》，2021年第2期。

提供了更多便利，针对残疾人士定制的数字化服务也得到广泛应用。例如帮助残疾人士安装"智慧监测系统"，残障人士只要按下警报按钮，后台管理人员就能第一时间通过残联联系到社区，帮助其脱离危险。根据残障人士需要，智慧监测系统还可以进行烟雾、水位、燃气等多方面监测。数字化助残服务依托智慧平台，为残障人士提供全天候、全方位的智慧守护，进一步提高助残服务水平的现代化，切实提升残疾人士在共同富裕进程中的幸福指数。

7. 数字环保

落实数字环保，是保护人类生产生活环境的必然选择。《纲要》明确要"持续改善环境质量。深入打好污染防治攻坚战，建立健全环境治理体系，推进精准、科学、依法、系统治污，协同推进减污降碳，不断改善空气、水环境质量，有效管控土壤污染风险"。将当前快速发展的数字化技术应用到环境治理中，通过数字环境数据获取系统和环境数据处理分析系统，做出合理的决策，进而提高环境治理的效率，这是建立和完善数字环保体系的关键措施。数字环保与城市环境治理的结合能实时高效地监测城市污染源、加强生态管理等，并对可能出现的环境问题提前预防、合理决策。数字环保技术在不断更新迭代的进程中将继续寻找新问题、拓展新领域，以期将数字环保应用于环境治理与保护的更多方面。

二、数字乡村：激活乡村振兴新功能

"民族要复兴，乡村必振兴。"《纲要》强调要"建设智慧城市和数字乡村"。2021年中央一号文件提出，要实施数字乡村建设发展工程。党的十八大以来，中央高度重视农村信息化建设，作为重要抓手的数字乡村建设正在整体带动和提升农业农村现代化发展，为乡村经济社会发展提供强大动力，成为建设数字中国和实施乡村振兴战略的重要结合点。迈向中国特色社会主义新发展阶段，我们要更加紧密地团结在以习近平同志为核心的党中央周围，坚持党对"三农"工作的全面领导，加快农业现代化步伐，发展壮大乡村产业，为乡村振兴赋能增色。

（一）乡村产业动能

数字乡村建设，乡村产业振兴为要。《"十四五"推进农业农村现代化规划》指出："新一轮科技革命和产业变革深入发展，生物技术、信息技术等加快向农业农村各领域渗透，乡村产业加快转型升级。"数字技术的全面发展推进乡村生产生活方式全面变革，以区块链、人工智能、大数据为核心的新一代信息技术正在加速对农业农村各领域展开全方位的数字化改造，极大提升了农业生产效率与农村资源利用率，从而为乡村振兴与农业农村现代化提供全新动能。数字化技术通过大数据智能平台整合农业农村数据，孕育出有价值的大数据，进而应用到农业产业场景中。以前种地凭经验，现在种地靠数据。在数字乡村建设中，数字技术已融入乡村生产生活的方方面面。

农为邦本，本固邦宁。农业现代化是绘就乡村振兴壮美画卷的关键一笔。在数字乡村的建设进程中，土地的施肥量、浇水量、温湿度调控从以往的凭农民经验与感觉转为当前的大数据种地，利用水肥一体化智能滴灌系统、软件分析和大棚传感系统实现了农业数字化、智能化改造。根据中国农业信息网提供的信息可知，基于北斗导航的自动驾驶拖拉机、无人插秧机、无人地面植保机、无人联合收割机等农机装备进行自动化作业；植保无人驾驶航空器实现产业化；水稻生产实现少人化插秧作业；小麦生产全过程实现"无人化"技术模式……这些数字化技术大大提高了农业生产效率和农业精准度。从最早的耕种到所有环节都充满"智慧"，数字技术为乡村建设插上了"翅膀"。

科技赋能传统农业焕发新生。 以数字技术为核心驱动力，有效推进"互联网＋"现代农业建设，因地制宜建设智慧乡村，发展数字农业、创意农业、智慧旅游等；通过数字技术与乡村实体经济有机结合，实现乡村一二三产业融合发展；通过数字技术下乡，促进乡村产业升级，向数字化、网络化、智能化方向不断推进；依托数字技术的收集和运算，实现决策分析精准化，有效提高生产效率。数字技术不仅实现了传统乡村产业向现代化农业转型，提升了农作物的生产效率与抵御风险的能力，而且打破了原有乡村产业格局，实现产业结构多元化。通过"线上网购＋线下零售"的乡村电商经济，带动乡村物流、旅游、餐饮等相关行业、产业全面发展。

（二）乡村治理效能

数字技术为乡村治理向数字化、智慧化转型开辟新道路。数字乡村建设不仅为新发展格局提供基础保障，而且有助于形成强大市场需求，进一步提升乡村治理水平，在新发展格局构建中起到至关重要的作用。农民全面发展、农村全面进步、农业全面升级是实施乡村振兴战略的必然要求。2021年8月24日，中国农业农村部在对十三届全国人大四次会议第6898号建议的答复中指出："持续推进乡村治理和信息服务数字化，提升乡村治理和信息服务的智能化、精细化、专业化水平，用信息化赋能党组织领导的自治、法治、德治相结合的乡村治理体系，激发乡村振兴新动能。"在数字乡村建设中，唯有不断优化数字农业综合服务，才能切实有效地促进乡村治理效能不断提升。

| 知识链接 |

新中大"三资"智慧监管系统

乡村治理数字化指利用数字技术，推动乡村治理信息化、智能化和现代化。推动乡村治理数字化，应建立"县乡村组四级联动"的乡村基层治理数字化体系，涵盖党建、政务、宣传培训、社会治理以及资源资产管理等内容。浙江省嵊泗县的乡村治理诠释了乡村治理数字化。近年来，嵊泗县深入贯彻落实全面从严治党重大战略部署，以清廉村居建设为载体，通过完善体制机制、强化数字化管理、提升人员素质等方式，积极探索渔农村管理的有效途径，不断推动基层治理水平提升。

农村"三资"智慧监管平台是由杭州新中大科技股份有限公司运用现代化信息技术手段，创新打造的集"三资"全方位监督、一体化收支、全留痕审批、无现金支付、大数据分析、阳光化交易及实时化公开等功能于一体的智慧监管平台。

数字赋能、智慧引领，也让民情沟通、便民服务效能不断提升。数字技术嵌入乡村治理，不仅有助于实现乡村公共服务数字化，更推动了"互联网＋政务服务"深度发展，使得传统乡村治理手段向数字化、智能化迅速转变。数字技术构建政府与民众反馈互动良性循环系统，在充分提高政府与民众互动效率的基础上，使得老年人老有所依。独居老人可以通过各种数字化系统及时反馈自己的生活情况，使结对干部及时了解自己在生活中的困难。此外，数字乡村把"数治"有机融入乡村治理，为乡村治理插上数字化翅膀；通过人工智能、物联网等基础设施的建设，实现乡村治理数字化；遵循信息技术演化和数字经济发展规律，让数字化在推动民情沟通上进一步完善。

数字化技术不断提高乡村治理数字化、智能化服务水平，创新乡村治理方式，提升乡村治理效能。在数字乡村建设中，应加快构建网络户籍管理、精细化服务、信息化支撑、开放共享的乡村管理服务平台；运用数字化技术推动党建引领、社区自治、居民服务等相融合，持续探索完善社区管理和服务建设等治理新机制；通过大数据对村民信息进行精准运算与快速整理，小到农家乐预约，大到租住人口信息采集、村里三资公开，村民、游客多样化需求通过数字化技术都能够得到解决。数字技术融入乡村治理，不仅让数字化乡村更加智慧，也让村民获得感不断提升。

（三）乡村技术优势

数字乡村建设必须立足国情民情，实现创新引领、技术先导。数字技术不仅是推动乡村振兴的"排头兵"和"动力源"，也是农业农村现代化建设的重要内容。以数字技术为核心驱动力，有效推进"互联网＋"现代农业建设，立足国情民情，因地制宜建设智慧乡村，发展数字农业、创意农业、智慧旅游等；通过数字技术与乡村实体经济深度融合，发挥乡村技术优势，利用乡村建设的创新引领与技术先导，多层次推进乡村产业升级，实现乡村生产效能提升。

数字技术为加快构建开放共享的数字农业注入新动能。 乡村振兴离不开"创新、协调、绿色、开放、共享"的新发展理念。构建以乡村数字农业产业技术为纽带的产学研用合作机制与利益共享机制、重点突破数字农业全产业链信息技术瓶颈，是提升乡村农业企业自主创新能力、推动数字农业产业开放共享的关键。当前，我国农业技术数字终端通过可视化数据分析与共享云图，可以一键调出关键农产品数十年来的种植面积、产量、比价等指标走势，同时云集海量农业专家数据报告，有效满足农业科研需求，充分实现开放共享、数字兴农。

| 知识链接 |

首批国家数字乡村试点地区名单公布

宁波慈溪入选国家数字乡村试点县（市、区），投入1.6亿打造全国样板。横河镇农户用上了无人驾驶插秧机，依托北斗定位系统和物联网技术，开展田间自动插秧、智能避障、掉头转弯等全套无人作业。慈溪正大蛋业有限公司通过建设省级数字工厂打造鸡蛋"梦工厂"，引进全球领先的意大利FACCO公司成套养殖生产设备及数字化设备，实现远程精准控制和全产业链数字化操控。慈溪的94艘渔船装上了船位仪、AIS渔商船碰撞系统等，能够实时掌握渔船动态及其行驶轨迹，方便管理和监督。大牌头村建成宁波首个村级垃圾分类大数据管理平台，全面打造垃圾分类智慧模式，通过"一户＋一桶＋一卡＋一芯片"，实现分类溯源和精准计量，提高垃圾分类质效。

　　　　——参见陆燕青：《我市将投1.6亿打造全国数字乡村样板》，载《慈溪日报》，2020年10月19日

数字技术为实现传统农业向现代化农业转型提供新引擎。高质量乡村振兴有赖于数字技术的支撑。在农村经济新业态方面，短视频行业的发展和算法技术的应用带动乡村"直播带货"与"村居民宿"飞速发展，直播变成乡村电子商务发展的"新农活"。在智能种植方面，数字化5G技术通过传感器实时监控湿度、光照等影响农作物生长的因素，将采集的数据上传至云端作出实时分析诊断，及时精确地操控农业设备自行灌溉、施肥。在农业植保方面，农业植保无人机依托数字网络可扩大范围，进行大面积农作物护养、喷洒种子及药剂、寻找牲畜监控等作业。当前数字技术已经成为现代化农业转型与农业产业多元化结构升级的新动能，是实现新时代乡村治理格局的关键动力。

三、数字图景：更加"聪明"的美好生活

数字图景点亮美好新生活。数字时代大潮奔涌，数字中国发展的新图景为经济社会高质量发展提供全新的发展机遇，点亮人民群众的美好新生活。展望未来，它将以更多服务和产品丰富人们的美好生活，塑造人们美好生活的新空间和新场景。

可以预见，日益加快的数字化步伐将不断推动数字中国建设的进程，更好造福社会、造福人民，不断满足人民群众更加"聪明"的美好生活向往。

（一）数字阅读

从"诗书继世"到"敬惜字纸"，从"腹有诗书气自华"到"书中自有黄金屋"，从"一卷在手"到"一屏万卷"，从"文字阅读"到"5G时代声音图像阅读"，中国人对于读书的热情和推崇可谓源远流长。2021年3月，"全民阅读"第八次被写入政府工作报告。《2020年度中国数字阅读报告》显示，2020年中国数字阅读用户规模4.94亿，人均电子书阅读量9.1本。在后疫情时代，数字阅读作为文化产业的重要组成部分迎来了新一轮高速发展。数字阅读行业不断探索"5G+"阅读模式，在5G赋能下，阅读正逐渐从以"书"为中心到以"人"为中心。例如，2021年举办的数字阅读文创展，数字阅读不仅节约资源、方便读者，让阅读变得更有趣，更为读者开启了丰富的数字阅读新场景、新体验。

| 知识链接 |

5G+数智化浪潮之下，数字阅读如何创新再升级[1]

"一屏万卷"的数字阅读模式，把海量经典内容搬上云端，让读者轻松触达。第七届中国数字阅读大会围绕庆祝建党100周年的系列活动是数字阅读的一大特色，包括

────────────

1.该文章载于2021年4月27日光明网。内容有改动。

红色博物馆连线、线上会场开设《奋斗百年路 启航新征程》专栏等，实现红色题材"上云"，让党史学习更便利、更生动，大大提升红色文化对大众特别是年轻群体的吸引力。数字阅读文创展在杭州湖滨步行街举办，演绎国风日、知识日、非遗日主题内容，并设置未来科技互动区、文化创意衍生品展区等特色展区。丰富的知识文化体验吸引众多读者、市民打卡围观，"书香社交"的氛围也为西湖添了一份别样的风景。

（二）智慧医疗

近年来，全球新发、突发传染病疫情不断涌现，智慧医疗在及时防范疫情中起着至关重要的作用。在抗击新冠肺炎疫情中，远程化和智能化的医疗服务、线上线下对接的医疗救治，可最大限度降低疫情对经济社会造成的影响。随着物联网规划的出台以及智慧城市的顺利推进，智慧医疗迅速发展。高质量、可负担、高效率的智慧医疗不但可以有效提高医疗质量，更可以有效阻止医疗费用的攀升。智慧医疗服务网络使从业医生能够搜索、分析和引用大量科学数据来证实支持他们的诊断，同时还可以使整个医疗生态圈的每一个群体受益。未来，智慧医疗将进一步加强预防、治疗、护理、康复等有机衔接，医疗信息服务将逐步远程化、智能化，让老百姓随时随地享受。

（三）智能教育

智能教育是人工智能与教育的深度融合，"人工智能＋教育"是建设数字图景的关键一环。智能教育使得教育理念、教育方式、教育内容、教育目的等实现全方位跃升。教育领域个性化与智能化有助于提升教学生动程度，激发学生学习兴趣，增强老师教与学生学之间的互动，有效缓解经济发展不平衡所造成的学习垄断与教育鸿沟，是新时期推动素质教育、实现教育均等化的有效途径。智慧教育将继续依托教育大数据，精准测算教师与学生的学习习惯、思维类型、能力潜质等要素，智能化、精准化地配置教育内容，推动教育均衡化、全面化发展。

| 知识链接 |

安徽援疆和田皮山：智慧教育插上翅膀飞向边疆[1]

近日，在新疆和田地区皮山县乔达乡中心小学的中华民族共同体意识专题教室里，维吾尔族教师努尔比耶正带领学生们进行生字词描红练习。2021年7月，安徽援疆指挥部紧紧围绕新疆工作总目标，充分结合皮山县教育工作实际，依托科大讯飞人工智能技术，在皮山县266所中小学校及幼儿园推进智慧教育，着力开展国家通用语言文字能力提升和丰富中华民族共同体意识资源两大工程，同步建设多重保障机制，打造智慧教育皮山模式。

（四）智慧农业

智慧农业是农业中的智慧经济，也是智慧经济形态在农业中的具体表现。智慧农业大幅度提升农作物的产出量，增进农

―――――――――

1.该文章载于2021年7月22日《光明日报》。内容有改动。

业生产效益，实现智能设备、物联网、云计算与大数据等先进技术与农业深度融合。智慧农业是数字乡村发展的新业态，是推动农业产业高效化、智能化、集约化的有效方式。这要求我们必须破解农业信息资源的孤岛局面，实现乡村农业产业"扁平化"，形成区域智慧农业乃至全国智慧农业发展一盘棋局面；推广大田作物精准播种、精准施肥施药、精准收获，推动设施园艺、禽畜水产养殖智能化转化。

| 知识链接 |

浙江安吉大力发展智慧农业

浙江省安吉县笔架山农业高新区加快推进农业现代化升级，采用智能化设施和先进栽培技术，极大提升农产品附加值，延伸产业链，提升农业生产效益，拓宽了农民增收渠道。打开手机软件，茶园里的水质PH值、土壤各类微量元素含量等数据一览无余，甚至茶园里的动静也能在软件上实时查看。

为落实《中共中央国务院关于支持浙江高质量发展建设共同富裕示范区的意见》，2021年10月11日，中国农业发展银行出台的《关于支持浙江高质量发展建设共同富裕示范区的实施意见》指出："在支持农业新型业态方面，聚焦农业科技创新和推广、农业现代化示范区建设、农业机械生产基地建设、农产品加工业转型升级、农产品流通设施和市场建设，大力发展智慧农业。"

——参见中共中央宣传部理论局：《新征程面对面》，学习出版社第1版第1次印刷，2021年6月

（五）智慧文旅

《纲要》明确指出：要"健全旅游基础设施和集散体系，推进旅游厕所革命，强化智慧景区建设，建立旅游服务质量评价体系"。智慧文旅推动景区、博物馆等发展线上数字化体验产品，建设景区检测设施和大数据平台。如在疫情期间，景区检测设施和大数据监测平台建设很大程度上减少了对经济社会的影响，为人们提供方便。同时，智慧文旅打破旅游时空边界，实现历史与现实的深度融合；提供全方位陪同式导游服务，增强游客沉浸式游览感受；强化智能监控、人证识别和智能门禁等多项信息服务，提升酒店入住便捷度与安全性。未来，"5G+文旅产业"应紧紧抓住数字文旅产业发展机遇，积极探索数字文旅发展新模式，让老百姓享受美好生活。

（六）智慧养老

2021年5月11日，第七次全国人口普查结果显示，中国60岁及以上人口为26402万人，占总人口的18.70%，人口老龄化程度进一步加深。将数字化技术应用于养老，实现智慧助老、智慧用老、智慧孝老是缓解我国人口老龄化问题的重要途径。智慧养老的智慧程度需要初心纯粹的创业者们身先士卒，走进社区、老人的生活环境中实地考察，真正为智慧养老贡献力量。显然，具有数据和技术优势的互联网公司更适合作为"牵头人"。党和政府应努力绘制不断满足老年人多元化需求，持续提高老年人生活质量和满意度的智慧养老蓝图。智慧养老，不是去摸AI、大数据技术的"天花板"，而是需要参与者拿出比"理解年轻人"多百倍的努力，去理解老年人，践行政府和企业责任，让资本和资源流向社会最需要的地方。

| 知识链接 |

公益传播助力智慧养老——科技公益城市行从鞍山起航

2021年7月6日，由中国传媒大学政府与公共事务学院、鞍山传媒集团主办，中国传媒大学政府与公共事务学院公益传播研究中心、百度公益、鞍山市红十字会共同承办的"智慧养老，公益助力——科技公益城市行"活动第一站在鞍山启动。截至目前，百度五福AI助老项目累计输出超过300期的运动促进健康类视频、200余条养生内容、5大心理舒缓解决方案，利用智能设备为机构的养老服务供给能力赋能，通过智能治理平台简化养老机构的流程体系，小度智能屏为老人带去娱乐陪伴之余，更成为他们生活上的得力助手。

——参见2021年7月21日中国传媒大学政府与公共事务学院官网，内容有改动

（七）智慧城市

《纲要》指出："分级分类推进新型智慧城市建设，将物联网感知设施、通信系统等纳入公共基础设施统一规划建设，推进市政公用设施、建筑等物联网应用和智能化改造。"运用数字化建设智慧城市成为当前和今后相当长时间内城市建设的主流方向。智慧城市建设一方面有利于推进现代化城市建设步伐，诠释智慧生活的真正内涵；另一方面有利于提高群众生活质量

和水平，完善城市功能。智慧城市利用各种数字化技术破解"城市病"困局，有效解决城市化引发的资源短缺、环境污染等问题，使得城市资源得到充分整合，实现城市可持续发展。数字化赋能人们生产、生活各个领域，让城市治理更完善，让老百姓出行更便利，让每个孩子都可以享受生动有趣的优质教育。运用数字化建设智慧城市将为数字社会的建设和发展带来全新动力以及更广阔的发展前景。

　　加强数字社会建设，提升公共服务、社会治理数字化智能化水平是新时代塑造智慧中国新面貌、新容颜的重要保证，是建设数字中国的题中应有之义。当前，以新一代信息通信技术为主要驱动力的新一轮科技革命和产业变革方兴未艾，数字技术为经济发展注入新动能，助推我国经济社会高质量发展。在数字经济席卷全球的浪潮下，我国应不断加强数字社会建设，深入推进数字技术在公共服务、城市治理、乡村振兴等方面广泛应用，为智慧中国新面貌、新容颜添光加彩，赋予其新内涵、新动力，更好地迎接数字中国建设新时代，谱写经济社会发展新篇章。

第 **6** 章

打造数字政府　驱动治理方式新变革

我们提出推进国家治理体系和治理能力现代化，信息是国家治理的重要依据，要发挥其在这个进程中的重要作用。要以信息化推进国家治理体系和治理能力现代化，统筹发展电子政务，构建一体化在线服务平台，分级分类推进新型智慧城市建设，打通信息壁垒，构建全国信息资源共享体系，更好用信息化手段感知社会态势、畅通沟通渠道、辅助科学决策。

　　——习近平总书记在网络安全和信息化工作座谈会上的讲话（2016年4月19日）

变革政府治理方式、打造人民满意的数字化政府是实现数字中国建设的内在要求，也是国家治理体系和治理能力现代化的应有之义。面对全球治理数字化变革的大趋势，党的十九届五中全会提出，要"加强数字社会、数字政府建设，提升公共服务、社会治理等数字化智能化水平"。当前，我国迈向全面贯彻"十四五"规划的新发展阶段，只有加强数字政府建设，全面提升政府治理效能，才能打造全面网络化、高度信息化、服务一体化的现代政府治理新形态。

一、数字浪潮：赋能政府变革"新力量"

数字政府借助互联网、大数据、云计算、人工智能、区块链等新一代信息技术手段，对政府原有的组织结构、业务处理流程、运作方式和管理服务等进行数字化转型，实现流程再造，使决策拥有"智慧大脑"、执法监管拥有"千里眼"和"顺风耳"、服务履职拥有基于各类数据库的"百宝箱"、政务服务拥有加速的"发条"。从政府外部来看，数字化让更多群众的声音能够被听到；从政府内部来看，数字化进一步扎牢反腐的笼子。与传统政府相比，数字政府的服务能力、履职能力、监管能力更强大，政务服务更加公开透明化，为人民群众提供更加便捷、优质、高效的政务服务与公共服务。数字化浪潮持续推动我国政府治理体系和治理能力现代化水平发展。

一般而言，一国政府的"数字化"转型需要经过"信息数字化—业务数字化—组织数字化"三个阶段，才能从"电子政府"走向"数字政府"，并最终发展成为"智慧政府"。我国数字政府建设经历了三个阶段（见下表）。

我国数字政府建设历程

阶段	时间	发展特征	目标	驱动要素	技术形态	关键核心	行动与举措
政府上网阶段	1993—2006	政府信息数字化呈现	以提升办公和管理效率为主	信息与系统	Web2.0	信息传播数字化	行业信息化系统建设与政府门户网站建设
电子政务1.0	2006—2012	政府服务数字化供给	以优化服务模式与体验为主	连接与在线	云计算、移动互联网	公民体验至上	网上办事大厅建设与社会服务渠道涌现
数字政府2.0	2013至今	政府组织数字化转型	以推进政府职能转变为主	数据与智能	大数据、物联网、人工智能	数字治理数据资产化	大数据、数据开放、信息系统整合加速

* 参见周雅颂：《数字政府建设：现状、困境及对策——以"云上贵州"政务数据平台为例》，载《云南行政学院学报》，2019年第2期

第一个阶段的建设始于20世纪90年代初。1993年，我国开始"三金工程"建设，1999年开始发展"政府上网工程"。这一时期主要是普及电脑和网络的使用，使政府办公与管理能够实现网络链接和互通，提升行政效率。第二个阶段的建设开始于2006年，国家信息化领导小组印发了《国家电子政务总体框架》指导建设，到2012年基本完成了"两网一站四库十二金"建设。第三个阶段的建设始于"大数据元年"，即党的十八大之后，国务院大力推动简政放权和"放管服"改革，并在2015年启动国家大数据战略后得到加速发展。随着全国一体化政务服务平台建设不断发展完善，我国进入数字治理时代。[1]

1.参见周雅颂：《数字政府建设：现状、困境及对策——以"云上贵州"政务数据平台为例》，载《云南行政学院学报》，2019年第2期。

| 知识链接 |

"三金"工程、"两网一站四库十二金"建设

一、"三金"工程

1993年年底,中国正式启动国民经济信息化的起步工程——"三金"工程,即金桥工程、金关工程和金卡工程。金桥工程又称经济信息通信网工程,是建设国家公用经济信息通信网、实现国民经济信息化的基础设施。

金关工程又称海关联网工程,其目标是推广电子数据交换(EDI)技术,以实现货物通关自动化、国际贸易无纸化。

金卡工程又称电子货币工程,是实现金融电子化和商业流通现代化的必要手段。

二、"十二金"工程

2002年国务院17号文件明确提出"十二金"概念。17号文件提出,要加快十二个重要业务系统建设:继续完善已取得初步成效的办公业务资源系统、金关、金税和金融监督(含金卡)四个工程,促进业务协同、资源整合;启动和加快建设宏观经济管理、金财、金盾、金审、社会保障、金农、金质和金水等八个业务系统工程建设。业界把这十二个重要业务系统建设统称为"十二金"工程。

三、"三网一库"

2000年5月至2001年4月,国务院办公厅连续下发三个文件,颁布了"十五"期间的总体规划,明确将利用三至五年的时间建设以"三网一库"为基本架构的政府系

统政务信息化的枢纽框架，即建立以"三网一库"为基本架构的电子政务系统。

1. "三网"，是指政府机关内部的"办公业务网"（又称"内网"），与内网有条件互联、实现地区级政府涉密信息共享的"办公业务资源网"（又称"专网"），以因特网为依托的"政府公众信息网"（又称"外网"）。

2. "一库"，是指政府系统共建共享的"信息资源数据库"，是一个有统一标准的数据集合。

四、"两网一站四库十二金"

2002年国务院17号文件之后，我国重新规划了电子政务建设工作的重点，即"两网一站四库十二金"。"两网"是指政务内网和政务外网；"一站"是指政府门户网站；"四库"即建立人口、法人单位、空间地理和自然资源、宏观经济等四个基础数据库；"十二金"是要重点推进办公业务资源系统等12个业务系统。

——参见中国电子政务网

按照党的十九届四中全会的战略部署，到2035年，我国要基本实现国家治理体系与治理能力现代化。其中，一个重要的任务就是将中国特色社会主义制度优势转化为制度效能，推进政府治理现代化。引入数字治理技术与方式，建设数字政府，是将制度优势转化为制度效能的重要举措。[1]这是一个重大系统工程，包括国家治理体系的完善和国家治理能力的提高两方面，需要不同

1.参见李军鹏：《面向基本现代化的数字政府建设方略》，载《改革》，2020年第12期。

层级的政府、不同部门互相配合、全方位努力。党的十九届四中全会提出："建立健全运用互联网、大数据、人工智能等技术手段进行行政管理的制度规则。推进数字政府建设，加强数据有序共享，依法保护个人信息。"

（一）数字政府推进决策机制科学化

决策机制科学化是国家治理现代化的目的，也是重要标志。不同政府部门之间难免存在着信息不对称等问题，传统决策机制往往借助于经验，这可能导致决策脱离实际，造成不良后果，"差之毫厘，失之千里"。建设数字政府，借助互联网、大数据、人工智能等技术手段，对行政管理的制度规则加以健全和完善，形成"用数据说话、用经验辅助"的决策体制机制，让政府决策拥有"最强大脑"。

一方面，数据既是对过去的记录，也可以对未来进行研判。数字政府建设便利了对不同层级政府、不同部门的数据进行整合，超越个体相对静态、局限的视角，从动态的、宏观的视野为精准、快速决策提供依据，帮助决策者迅速找到其中潜在的问题和内在联系，避免出现决策的随意性，从而更加符合客观实际情况和客观规律，更好地指导实践、开展工作。

另一方面，数字政府改变了传统决策方式，缩短了传统政府决策过程"调查—决策—反馈—再调查—再调整"，扭转了政府决策往往滞后于经济社会环境变化、难以及时满足人民需要的缺憾。通过大数据、人工智能、区块链等信息技术，政府能够迅速掌握大量第一手信息或数据，及时捕获社会需求，利用深入细致分析、采集和储存的数据对未来进行研判，避免了

"凭感觉""拍脑袋"的决策。在应对突发事件时，政府能够实现快速响应和决策，掌握局面的主动权。

（二）数字政府赋能社会治理精准化

社会治理精准化是国家治理现代化的第二重要特征。随着社会的不断发展，我们面临的社会问题越来越复杂，越来越棘手，社会各个不同群体的利益也越来越模糊，使治理问题成为政府一大烦恼。数字政府建设大幅度提高了社会治理的精准化程度，经过业务流程改造后的政府，可以按照统筹规划、协调推进原则进行数据共享，深化数据信息治理，构建不同部门之间、不同政府层级之间的数据信息共享平台，努力解决"条条"和"块块"分割的管理模式问题。与此同时，运用信息技术有助于打破部门之间的"信息孤岛"和"数据烟囱"，便于对同一业务实行跨部门、跨领域、跨层级、跨地域整合，实现网络化、"一站式"协调办公。充分利用政务服务中心优势，改变以前各部门分散式办公的局面，变"人找政策"为"政策找人"，变被动响应为主动发现。

数字政府建设可以让社会治理的各个领域实现精准化，大大提高人民生活的安全感。例如，在食品安全方面，数字技术对食品可以实现生产、运输、储藏、销售、加工等全流程的监管，食品安全更有保障；在环境安全方面，对土壤、空气、水体、企业排污等进行跟踪监测、适时监测，使生态文明建设可以随时找到症结所在，及时对症下药；在交通安全方面，人车行踪处处留痕，社会治安管理和交通疏导更有依据、更加便利。

　　数字政府建设还在基础层面改变社会治理的传统方式，提高人民生活的幸福感。例如，大数据的全样本分析可以补充抽样调查，使各种社会经济指标的统计数字更加精确，更加客观，真实反映人民的日常生活；大数据能够及时捕捉公共服务和社会治理中的"重点""难点""痛点"，为社会治理提供着力点和突破口；公共服务提供可以从以前的粗放式"大水漫灌"转变为现代智能式"精准滴灌"，问题治理可以从"一人生病普遍吃药"转变为"因病施治"，实现"一把钥匙开一把锁"。源头治理、系统治理、依法治理、综合治理更容易实施、更有成效，整个治理工作变得更加精细化。总之，数字政府建设使精细化治理成为现实，传统的粗放式管理逐渐变成历史。

（三）数字政府助力公共服务高效化

　　现代化的国家治理追求方便高效的公共服务，而数字政府能够实现这一点。数字政府通过搭建公共服务平台，提供"一站式""一体化"整体政务服务，做到简化办、网上办、马上办，群众办事实现"最多跑一次""数据多跑路"，使传统的繁文缛节、"踢皮球"的工作作风失去了存在空间。我国多地政府已在证件跨地区办理、人才引进、津贴申请、企业注册登记、网约车驾驶员证申办等上百个事项上实现"秒批"，未来将有更多事项纳入"秒批"中。[1]

　　随着移动网络和无线宽频时代的到来，政府可以将信息及

1.参见周文彰：《数字政府和国家治理现代化》，载《行政管理改革》，2020年第2期。

服务立即传送并告知公民，与公民保持双向的互动。各地政府通过开发政务App或微信小程序，可以在短时间内将各种最新消息以一对一或一对多的方式，传送到公民的手机或移动设备。在超网络时代，政府与公民之间可以随时随地进行信息的交流和交易的实现，实现政府服务时时刻刻"跟着公民走"。

欣欣向荣的数字服务市场也吸引了许多企业和社会组织的积极参与。在数字化的背景下，政府可以规避数字技术的变化、市场的灵活性等带来的风险，可以以公共服务外包的方式，联合社会各界共同提供更符合公民需求的创新数字服务。基于财务和成本问题，企业可以提供政府机关在合理范围内无法提供的附加值服务，将政府的信息和服务内容在网站上及时发布，为民众提供更有价值的服务，同时也能够争取更多商机；银行可以为顾客提供所得税、投资抵减、税收优惠等增值服务。此外，政府也可以依据公平的原则，在公立医疗信息服务中，为公民提供私立医院的信息服务。

（四）数字政府保障政府治理民主化

数字政府的基本特征是"政府即平台""创新公共价值""用户驱动的服务设计与交付"与"数据治理与协同"，其目标是"通过完成数字化转型实现治理的变革，满足公众对公共服务和公共价值的需求"[1]。在坚持人民至上、用户至上的基本原则下，数字政府能够让所有公共服务都以数字方式提供，不断探索智能化政务服务更好为公众服务的新途径，切实满足人

1.王益民：《数字政府》，中共中央党校出版社第1版第1次印刷，2020年4月。

民群众对美好幸福生活的新需求，不断扩大数字福利，为公民创造对数字政府和各项数字服务的最佳使用体验，真正建立以人为本的数字政府与数字社会。

数字政府提供了一个连接政府与千家万户网络的窗口，可以使政务信息和人民意见双向公开透明。一方面，政府通过互联网向社会公开政务信息，在线征集公民意见和建议，方便进行民意调查和网络听证，有助于政府直接了解民众的真实需求，从而推进各项政务服务有序、高效进行。另一方面，公民可以通过各大政务服务网站和政务信息移动平台，快速获取一手政务信息，及时反映情况，提供建议，参政议政。

数字政府建设下的政务信息平台，公开透明，不仅保障了人民的知情权、表达权、参与权、监督权，还能集中群众智慧和声音，提高政府治理水平。政府和人民、干部和群众的关系更加密切，人民拥护政府、群众支持干部工作的和谐氛围有助于维护社会稳定与发展。

（五）数字政府规范权力运行制度化

国家治理能力现代化还要求权力运行形成规范。数字技术充分运用数据留痕、不可轻易更改等特征，编制"数据铁笼"，借助对储存的海量数据进行搜索，获取对反腐败有价值的信息，再加以分析研判和跟踪，有助于切实管好公共权力、公共资金、公共资源，从而加大政府对权力的监督水平，不断提高政府管理能力。

数字政府使权力部门在越来越多的事项上，能够以无声的方式，按标准化数字程序进行审批，避免了人为干预和人情因素的影响，既保证了公平公正，提高了办事效率，也使得"吃拿卡要"、权钱交易等寻租事件大大减少。数字政府使权力运行处处留痕，整体监督取代个体监督、数据监督取代人工监督、过程监督取代事后监督。由此，权力被关进数字的"笼子"里，风清气正、公正廉洁、高效亲民的政府形象越来越饱满。

运用数字技术让政府逐渐开放，使政府的运作能够本着透明、廉洁、责任和参与的原则进行。在此情况下，公民不仅可以了解政府信息，实现充分的知情权，还可以通过协商、直接参与等途径，介入公共政策制定的过程，使得政府政策能够更好地回应民意，保障公民权益。"数据铁笼"的监督视角覆盖各类行政事项运行的全过程，使权力运行实现全程数据化，倒逼行政权力部门认真履职、规范执法、优化服务，努力提高效能，对探索强化党风廉政建设、推进行政权力法治化、破解"为官不为"现象和推动向服务型政府转变，进而实现国家治理体系和治理能力现代化具有重要意义。

| 知识链接 |

"数据铁笼"是立足于大数据，通过采取规范化的标准将行政权力运行的各领域、各流程数据化，并借此达到有效监督、预

防和治理各领域和流程中的违规与不合法行为。其实质是运用大数据思维和相关技术，推动政府行政权力运行过程信息化、数据化、自流程化、融合化，实现对政府部门权力运行的监管、预警、分析、反馈、评价和展示，从而构建一套基于数据的权力监督及技术反腐体系。贵阳"数据铁笼"建设从试点探索到全面推广，在监督执纪、交通执法、住建监管、健康医疗、脱贫攻坚等方面形成了典型的场景应用，促进了对公权力运行的监督，建立了权力运行和制约的新机制新模式，把权力关进数据的笼子里，让权力在阳光下运行。

——参见宋松：《基于大数据应用的地方政府权力监督创新——以贵阳市"数据铁笼"为例》，载《中国管理信息化》，2021年第6期

通过推进决策科学化、赋能社会治理精准化、助力公共服务高效化、保障政府治理民主化、规范权力运行制度化，数字政府不断推进国家治理体系和治理能力现代化，一个智能、高效、民主、规范的现代化政府正一步一步向我们走来。

二、三化融合：跑出效能，提升"加速度"

数字政府建设是推进数字中国建设的必然要求，成为创新行政方式、提高行政效能、建设人民满意的服务型政府的重要途径和关键抉择。在数字中国全面推进的浪潮下，提升政府服务效能、提高数字政府建设速度，是当前数字中国推进过程中

的重要立足点。

（一）公共数据更加安全共享化

我国各级政府部门掌握着全社会约80%的公共数据资源，然而，目前公共数据普遍存在着"不愿共享""不敢共享""不能共享"的问题。政府通过其掌握的海量公共数据，为公众提供多领域政务服务，这些政务数据被后台系统——记录在案，形成了一个系统、专业、全方位的庞大数据库，并且实时更新，可以随时追溯和纠错。将这些公共数据进行有效供给和合理开发，对提升政府效能，对协调推进数字政府、数字经济、数字文化、数字社会和数字生态建设，对新时代国家治理体系和治理能力现代化都将发挥重要引领作用。

那么，我们应如何推进公共数据资源的有序开放、有效供给、开发利用？如何构建国家信息化应用服务基础设施体系？如何培育一批专业化的数据治理技术开发服务提供商和第三方信息服务组织？

首先，公共数据要完整且安全。建立健全国家公共数据资源体系，确保公共数据安全，需要推动数据跨部门、跨层级、跨地区汇聚融合和深度利用。其次，公共数据要清晰且权责分明。建立健全数据资源目录和责任清单制度，提升国家数据共享交换平台的功能，深化国家人口、土地、空间地理等基础信息资源的共享利用。再次，公共数据要合理开放。扩大基础公共信息数据有序开放，逐步探索将公共数据服务纳入公共服务体系，并使其成为一项常规服务。要实现这一点，最重要的是搭建起统一的国家公共数据开放平台和开发利用端口，鼓励掌握着民众大量数据的企业在登记监管、卫生、交通、气象等方面的高价值数据集有序、安全地向社会开放。

公共数据开放不能一刀切、一次性做到位，为了规避可能的风险，需要先尝试开展政府数据授权运营试点，鼓励第三方深化对公共数据的挖掘利用。我们只有对所采集的数据开展专业化挖掘处理和增值利用，才能更好地将数字政府服务于数字经济、数字社会、数字文化和数字生态等领域，增强数字中国的发展后劲。

（二）政务信息系统更加完善整合化

在平台建设上，目前政府门户网站、网上办事大厅、政务服务大厅、审批业务系统已实现逻辑上的整合，未来将会转变为流程整合，推进跨层级、跨市区、跨部门联合审批，在线下"一门式"集中办理行政审批与公共服务事项，在线上"一网式""一口式"办理政务服务事项；平台建设理念上由"以部门为中心"转变为"以用户为中心"，切实做到让"企业与群众少跑路"，让"数据与信息多跑路"，把"办事多次跑、部门四处找"变为"最多跑一次、部门协同办"，建成集行政审批和公共服务于一体的五级数字政务服务体系。其中，关键要点是实现线上办事与线下办事的服务标准、业务流程、要求表格、办事规则"四统一"，使线上线下办事无缝对接。

在数字监管和执法上，运用大数据技术完善政府宏观信息系统，增强宏观调控的预见性和有效性；加强智慧监管，充分运用互联网、大数据监管方式，推行非现场监管，实现移动监管、远程监管、预警防控，提升监管的智能化和精准化水平；

运用大数据技术，推进执法规范化建设，研发应用案件综合管理系统，推进有关系统互联共享，加强执法全流程记录，设立一站式执法办案管理中心并进行执法办案区智能化改造，推动涉案财物网上录入、管理和监督，解决"粗暴执法、过度执法、软弱执法"等问题，提升执法标准化、流程化、要素化、精细化水平；建设各种智能化的智慧政府部门，包括智慧农业、智慧国土、智慧税务、智慧民政、智慧旅游、智慧交通等。

在数字决策和政务服务上，建立健全大数据辅助科学决策和社会治理的机制，实现政府决策科学化与社会治理精准化。运用大数据技术推进涉及企业办事和公民服务的相关政府职能的整合，将需要多部门、多程序办理的事项整合为可以"一门式""一窗式""一网式""一级式"办理的事项。完善"放管服"改革的智能评估体系，改变传统评估方法，推广智能化的信息采集、数据分析与数字评估办法。

在数字安全上，完善"放管服"改革的法治保障体系，修改和清理与政务服务"一网通办"不相适应的有关行政法规，完善智能网络系统标准化规范化建设、信息公开与情报自由、数据信息流动与利用、数据信息安全与公民隐私权保护等方面的法律法规体系，加快人工智能、区块链等新技术立法，重点完善有利于业务协同和信息共享的电子证照、电子签名、电子文件等方面的法规，加大对国家安全商业秘密、个人隐私和知识产权的保护力度。[1]

1.参见李军鹏：《面向基本现代化的数字政府建设方略》，载《改革》，2020年第12期。

（三）政务服务全景更加高效智能化

目前我们已经在很多领域都能看到高科技的应用，例如无人机远距离拍摄、无人驾驶汽车、外卖机器人等，在疫情期间这些高科技应用在减少交叉感染、替代人工方面起到了很大的作用。以AI技术为核心要素，以"互联网＋人工智能＋大数据＋区块链＋物联网＋云计算"的多种高科技深度融合的新型智能社会形态正在慢慢形成，几乎覆盖了我们日常生活的全场景。

在政务服务领域，人工智能技术使传统政务悄然发生变革，发挥着越来越重要的作用。尤其在当下，数字技术为我们的生活赋予了新场景，人们可以在公共场合进行人脸扫描，之后大屏幕自动显示我们的防疫信息，这样不仅方便了那些没有智能手机的老年人，也减少了人们驻足的停留时间。

由此，我们要不断探索高科技在政务服务领域的新应用场景，提高政府建设的智能化和高效化水平，打造一个智能政务服务体系，切实解决一些地方政府办事流程烦琐复杂、技术操作不便、跨部门协作困难、人手不足等问题。而要实现这些，不仅需要政府去挖掘社会需求，也需要公民和企业去主动反映需求。充分发挥AI交互式场景技术，通过大数据技术自动预测、感知和分析公众在公共服务和公共设施方面的需求，以便政府提供精准服务。

在用户端方面，可以将在线平台、设备、后台云三者之间全流程、全场景、全维度、实时智能地连接起来，建设全天候、全过程、无缝隙的政务服务和公共服务体系，形成政府、公众、企业多方互联互通的智能政务服务网。

在需求端方面，电子在线服务要转变为整体服务，推进政府面向企业、公众的先进电子服务，以实现全面智能化的公共管理服务。投入充足的资源发展在线门户和"一条龙"的服务门户网站，切实建成全流程、一体化的在线服务平台，最终实现"互联网＋政府服务和公共服务体系"在智慧养老、社会治理、衣食住行多方面的覆盖，打造透明高效的一流在线服务。

除了以上生活化政务服务场景，2020年的新冠肺炎疫情提醒着我们要时刻居安思危，强化数字技术在公共卫生、自然灾害、事故灾难、社会安全等突发公共事件应对中的运用，全面提升预警和应急处置能力。

三、积极探索：交出建设数字政府"新答卷"

2019年党的十九届四中全会首次提出"推进数字政府建设"，随后出台一系列政策为各地方建设数字政府提供宏观指导。近年来，各地在探索建设数字政府上，结合本地实际摸索出一系列具有地方特色的建设模式，同时，还将数字政府建设作为一项战略计划，陆续发布数字政府建设行动规划，作为行政体制改革、智慧城市建设的重要手段。

（一）广东省

广东省作为我国经济第一大省、改革开放的前沿阵地，在数字政府建设上也是一马当先。2017年11月，广东省政府出台了《广东"数字政府"改革建设方案》，提出推进政务服务系统整合，破除"信息孤岛"，在全国率先打造数字政府。

在顶层设计上，广东省用两个"规划"统筹建设数字政府。

2018年11月，广东省政府印发《广东省"数字政府"建设总体规划（2018—2020年）》，把整体政府建设作为目标，把建设数字中国、智慧社会作为导向，提出用"政务互联网思维"来指导数字政府的改革建设。2021年7月14日，《广东省数字政府改革建设"十四五"规划》印发实施，预示着"十四五"时期，广东省将朝着2025年全面建成"智领粤政、善治为民"的"广东数字政府2.0"进发，让改革发展成果更多、更公平惠及本省全体人民。

在建设模式上，广东省提出"管运分离、政企合作"的模式。在开展数字政府改革建设工作上，政府和企业各司其职：政府担任管理者，数据的运营和维护则交给相关企业。由广东省政府牵头，腾讯和联通、电信、移动三大运营商巨头共同投资，华为等大企业参与合作，开启了"1+3+N"的政企合作模式。在各方优势资源的整合下，2017年10月，由腾讯、联通、电信和移动共同投资，数字广东网络建设有限公司正式成立，成为广东数字政府建设运营中心，这艘承载着广东省数字政府改革建设重任的大船由此正式启航。

在平台建设上，广东省陆续推出"粤系列"移动服务平台。在基础设施方面，搭建政务云平台、政务大数据中心、公共支撑平台三大基础资源平台；在应用平台方面，为了满足民众、企业、公职人员三大群体的需求，提供"粤省事""粤商通""粤政易"三大应用，搭建一系列民生、营商、政务等相关业务场景，并提供相应服务。

在政务服务具体表现上，广东省数字政府建设实现了"指尖上"的高效率。根据2020年9月27日郑澍写的《探索数字政府建设"广东模式""粤省事"实名用户超7878万》一文，"粤省事"目前已有实名用户注册超7890万，相当于平均每两个广东人就有一个在使用"粤省事"小程序；累计已上线社保、公积金、户政等1300余项政务服务和80余种电子证照，累计业务量达40亿，全方位支撑广东省和大湾区改革发展，满足百姓政务服务需求。"粤商通"目前注册市场主体数量占总数近四成，从工商、税务到社保，所有数据都在一个码里，基本上所有涉企事务足不出户就能办理，803项政务服务一"站"直达，146类电子证照一"码"集成，400多个政府部门在线服务。"粤政易"累计已有超100万名用户开通账户，接入应用400多项，公文处理时长比之前缩短超过40%。

不仅如此，广东省数字政府建设也具有全民受惠的温度。针对学生、60周岁以上老人等特殊群体，"粤康码"除了支持在线出示之外，还提供保存离线"粤康码"的功能，并赋予其与普通"健康码"的同等效力，确保持离线"粤康码"也能畅顺通行。此外，"粤康码"还增设了家庭成员管理功能，可由家人代替老年人和小孩出示二维码；通过"粤省事"，广东多地户籍的老人可由家人在线代申领优待证或高龄老人津贴；广东政务服务网提供全程语音导览，让服务事项"看得到"也"听得见"……数字政府不断降低使用门槛，实现服务群体全覆盖，让特殊群体"无障碍、不折腾"，真正让改革成果惠及全体人民。[1]

广东省在维持经济稳定增长的同时推进"数字政府"建设

1.参见黄庆、彭文强：《让老年人"无障碍、不折腾"，广东网上政务服务适老化改造》，载《广州日报》，2020年12月18日。

改革，宛如"在奔跑的火车上换引擎"。如今，广东省正积极迈向2025年的"数字政府2.0模式"。

| 知识链接 |

"粤系列"移动服务平台

　　"粤省事"是我国首个集成民生服务微信小程序，于2018年5月21日正式上线，这是广东省数字政府改革的首次亮相。"粤商通"作为一个涉企移动政务服务平台，于2019年8月上线，面向全省1300万商事主体，实现企业办事"一站式""免证办""营商通"，企业通过"粤商通"即可完成证照查验，手机随行，证照随身。"粤政易"在2020年8月开始为省内公职人员处理公文、信息、事务提供便利，跨地域、跨部门、跨层级、跨系统，打通了政府不同部门之间的业务流程。

　　此外，广东省数字政府陆续推出的"粤系列"移动服务平台，其中包括广东政务服务网——全国最大的省级一

体化政务服务平台、"粤信签"——全国首个基于小程序的电子签章平台、"粤政图"——全国首个集省市县政务地图数据中台、广东政务服务一体机——全国集成度最高的政务终端……未来，随着"粤系列"不断扩展，广东数字政府的生态系统将逐渐完善。

　　——参见沈钊：《广东数字政府建设卓有成效　探索出"广东模式"》，载金羊网，2020年9月28日

（二）上海市

上海市是长江三角洲的经济龙头城市，也是我国首批改革开放城市之一。作为四大直辖市之一，上海具有超级大城市的体量，在社会治理、城市管理等方面也有条不紊，这与上海市数字政府建设分不开。上海市作为全国省级层面第一个提出建设"智慧政府"目标的城市，在数字政府建设方面具有丰富的经验，曾获得2020年度世界智慧城市大奖，其首推的"一网通办"业务也列入了联合国的经典案例。

在顶层设计方面，上海市从首创"一网通办"到落实公共数据开放共享再到"一网统管"。2018年3月，上海市推出《全面推进"一网通办"加快建设智慧政府工作方案》，第一个提出建成政务"一网通办"总门户，对群众和企业在线上线下提请的所有服务事项，做到"一网受理、只跑一次、一次办成"，实现协同服务、一网通办、全市通办。同年，组建大数据管理中心，搭建起数据共享交换平台，并于2019年10月1日正式实行《上海市公共数据开放暂行办法》。2020年4月，《关于加强数据治理促进城市运行"一网统管"的指导意见》提出，

城市运行"一网统管"在数据层面要求集中统一管理。2021年1月，发布《关于全面推进上海城市数字化转型的意见》，为进一步统筹推进城市经济、生活、治理全面数字化转型制定了长期战略，并制定了2035年建成具有世界影响力的国际数字之都的目标。

在平台建设方面，"一网通办"和"一网统管"依托于大数据、云计算等技术，上海市已基本形成了"一网（政务外网）、一云（电子政务云）、一窗（网上政务大厅）、三库（人口、法人、空间地理信息库）、N平台、多渠道"的"互联网＋政务服务"支撑体系，助力"一网通办"。在组织设计上，上海市首创城市运行管理中心，设计了城市、区、街镇三级架构，助力"一网统管"。

在建设理念方面，在政务服务领域"一网通办"，在城市运行领域"一网统管"，将"高效办成一件事"作为目标。为解决政府服务多头受理问题，从"找部门"转变为"找整体政府"，实现政务服务"线上进一网、线下进一窗"；为提高群众和企业的办事满意度，从"以部门为中心"转变为"以用户为中心"，减环节、减时间、减材料、减跑动；为提升政务服务智能化水平，从"人找服务"转变为"服务找人"，利用大数据资源，及时向用户提供个性化、精准化、主动化、智能化的政务服务。面对复杂的社会治理问题，把城市居民看作"用户"，把"城市管理和服务"看作"产品"，根据"用户"所需，在"淘宝式"平台上及时、准确地提供对应"产品"。

在政务服务具体表现方面，"一网通办"实现"好办、快办"，"一网统管"实现数字化场景应用。截至2020年7月28

日，"一网通办"总门户已接入2341项服务事项，实现办事时间总体减少59.8%，办事材料总体减少52.9%。[1]自2018年4月1日以来，上海有14.03万户企业的法定代表人使用手机免费下载了电子营业执照，共计11.08万户企业使用电子营业执照登录"一网通办"办理各类政务事项，累计达101.18万次。[2]截至2019年年底，上海市大数据中心总门户实名用户突破1000万，累计办件量超2489万件。其中，电子证照已归集全市237类，8000多万份。电子证照已实现在政务业务中的大规模应用，身份证、驾驶证、行驶证、户口本等16类证照都已落地应用。[3]

如何建设智慧城市，运用最前沿的数字技术，管理好一座超级都市，为群众和企业提供优质快速的政务服务和公共产品？辖区范围大、人口密度高、经济超活跃的上海，其"一网通办"和"一网统管"两张网的融合实践为其他城市提供了一个现实样本。[4]

（三）贵州省

贵州省位于我国内陆欠发达地区，但其在利用大数据、提高政府治理能力和政务服务能力方面早已先行先试。随着2014

1.参见高少华：《上海："一网通办"建数字政府 升级"城市大脑"》，载《新华财经》，2020年5月21日。
2.参见周俊洋、王晓灵、陈笑语、欧阳慧：《"网购式"政务服务何以可能——以上海市"一网通办"改革为例》，载《科学发展》，2021年第6期。
3.参见李一能：《实名用户注册量突破1008万，平台累计办件量2489万余件：上海"一网通办"交出一周年成绩单》，载《新民晚报》，2019年10月17日。
4.参见宋杰：《"上云"故事之上海一座超级都市的"一网统管"实践》，载《中国经济周刊》，2021年第6期。

年国家建设国家大数据综合试验区铺开，贵州省抓住契机，采用"政府出资成立国有企业"的方式，获批建设一批国家级试点、试验、示范项目，为后来数字政府建设的探索积累了一系列典型经验。

在顶层设计上，贵州省连续每年出台相应政策指导工作。2017年10月，《贵州省政务信息系统整合共享工作方案》提出了大平台共享、大数据慧治、大系统共治的"云上贵州"顶层架构，让企业和群众"少跑腿、好办事、不添堵"，最大程度上利企便民。2018年贵州省政府先后发布了《关于促进大数据云计算人工智能创新发展加快建设数字贵州的意见》和《推进"一云一网一平台"建设工作方案》，抓住大数据战略的优势，正式开展贵州省数字政府建设。2020年之后，《贵州省大数据标准化体系建设规划（2020—2022年）》《贵州省政府数据开放共享条例》等成为未来指导贵州省数字政府建设的指南。

在平台建设上，贵州省打造"一云一网一平台"数字政府的核心基础设施。2015年5月23日，贵州政务服务网正式运行，到2016年年底已全面覆盖全省市县乡村五级，并在2018年成功与国家政务服务平台对接，成为全国一体化在线政务服务平台的重要组成部分。2015年7月6日，中国·贵州政府门户网站云平台上线，成为目前全国第一个省级层面统筹、面向全省政府网站的统一技术平台，是贵州智慧政府的"最强大脑"。[1] 2017年4月，全国首家移动互联网省级政务民生服务综

1.此部分以及下文，包括《贵州省电子政务云架构示意图》，均参见向颖羿：《数字政府的"贵州经验"》，载《贵州日报》，2020年1月1日。

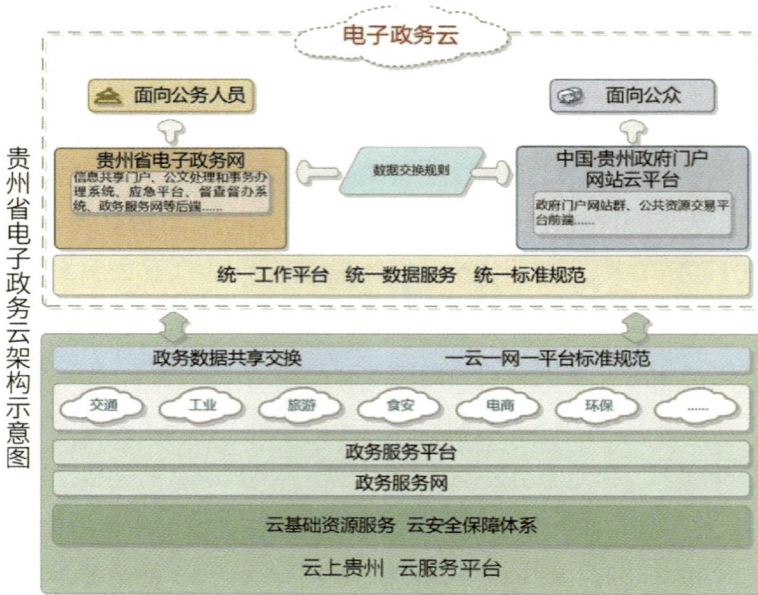

＊ 贵州省电子政务云架构示意图

合平台——"云上贵州"移动App平台正式上线运行，民众只需要用手机登录，就可以轻松获取全省各级政府及政府部门提供的24小时在线政务和民生服务。

为了打通不同层级、不同部门的政府工作人员之间的"数据烟囱"，2021年2月，"数字贵州"上线运行，为贵州大数据管理部门的工作平台服务，协调统筹各项任务及相关工作，探索形成数字中国建设的"贵州模式"。"一朵云"承载，"一个库"汇聚，"一平台"支撑，"一张网"服务，"一套标准"管理，由此，贵州省构建起了数字政府"大基础、大中台、大系统"体系，彻底消除了政府网站数据开放共享的障碍。

在建设理念上，贵州省积极响应"让群众企业办事像'网购'一样方便"的号召。贵州政务服务网这一全国领先的"淘宝式"门户，实现了"你寻找"到"我推送"、"政务信息化"到"服务定制化"、"政府供给导向"到"群众需求导向"三个转变，让群众真切感受到网上政务的及时公开，从而极大地提高了政府网站的公信力和受关注度。此外，"淘宝式"门户还植入了许多新鲜前沿的"玩法"，比如丰富多彩的数据库结合了人口库、法人库、电子证照库等基础信息库，为多维度的精准服务分析提供支撑；在全国首创多种泛圈推送算法，率先引用AI智能数据挖掘、智能数据匹配、智能数据修复，形成个性化的"个人画像库"和"企业画像库"。

在政务服务具体表现上，"一云一网一平台"汇聚全省数据资源优势，为政务民生带来巨大便利。截至2019年年底，全省58.8万个政务服务事项在政务服务网集中办理，总办件量达4100万件。从2016年9月上线到2019年年底，仅三年的时间，贵州省政府数据开放平台已开放66家省直部门2000余个数据资源，涵盖医疗卫生、科技创新、财税金融、交通运输等十余个重要领域的数据。通过"一网通办"，省、市、县三级政务服务事项的网上可办率达100%。截至2020年年底，移动端"云上贵州多彩宝"累计服务超过4亿人次；全省劳务大数据平台实现了人岗精准匹配，累计为42.79万人匹配推荐就业岗位，促进贫困劳动力就业28.79万人次；扶贫云汇聚14家省直部门"两不愁三保障"数据，提供贫困数据2.8亿条。[1]

1.参见王珩：《贵州数字经济"六个重大突破"取得阶段性成效》，载《贵州日报》，2020年12月1日。

作为全国首个国家大数据综合试验区，贵州省扬长避短，在数据治理、数字政府建设等方面积极创新探索，先行先试、改革创新，破解了"信息孤岛"，拆除了"数据烟囱"，化解了数据与业务"两张皮"，实现全省数据汇聚、融通、应用。

| 知识链接 |

"数字贵州"工作平台正式上线

2021年2月，服务于贵州大数据管理部门的工作平台"数字贵州"上线运行，平台以加快"数字贵州"建设、推动大数据与实体经济深度融合、提升政府治理和社会服务能力为总体目标；以业务流程信息化、工作成果数字化、决策支撑可视化为核心理念，围绕汇聚整合贵州大数据产业、政策、企业等基础数据，全景监测贵州省数字经济、数字治理、数字民生、数字设施、数字安全五大领域发展现状和水平，平台协调统筹各项任务及相关工作，探索形成数字中国建设的"贵州模式"。

"数字贵州"平台可实现调度、管理、督查、查阅资料等支撑功能，支持日常工作审批、数据查询等功能。平台从数据丰富与整合、重点领域监测、重点行业产业链研究与分析等方面深化数字贵州工作平台的应用价值，推动数字贵州各领域数据不断集聚、深入挖掘、有效应用，打造贵州大数据开放共享、有效利用和分析展示的示范窗口。

——参见贵阳市大数据发展管理局：《贵州加快推进数字政府建设，全面提升政府治理数字化水平》，载贵阳市人民政府网，2021年5月1日

（四）浙江省

浙江省是全国首个信息经济示范区，也是国内唯一一个同时承担数字政府领域三个国家级试点任务（国家电子政务综合试点、公共信息资源开放试点、政务信息系统整合共享试点）的省份。2017年2月20日，浙江省出台《加快推进"最多跑一次"改革实施方案》，提出进行"最多跑一次"专题改革，明确了"四张清单一张网"和"最多跑一次"的改革目标，为以后浙江省开展数字化转型打下了很好的基础。

在顶层设计上，浙江省数字政府建设走出了"准""稳""快"的路线。"准"，2018年7月，浙江省人民政府发布了《浙江省数字化转型标准化建设方案（2018—2020）》，以"最多跑一次"改革标准化建设为突破口，按照"123466"的要求，完善标准化运行机制，助力争创政府治理数字化转型试点省；"稳"，同年12月，《浙江省深化"最多跑一次"改革推进政府数字化转型工作总体方案》出台，提出建设纵向贯通、横向协同、上接国家、覆盖全省的数字政府体系，谋划了由"一大关键动力、两大基础支撑、三大重点领域"[1]构成的六大数字化转型重点任务；"快"，2021年6月，《浙江省数字政府建设"十四五"规划》出台，进一步加快了"整体智治、唯实惟先"的现代数字政府建设的步伐。

在改革理念上，浙江省提出以"政府理念创新＋政务流程创新＋治理方式创新＋信息技术应用创新"四位一体架构为主要内容的数字化转型。浙江省的目标是要打造成"掌上办公、

1.即浙江省以数字科技创新为关键动力，强化云上浙江和数据强省两大基础支撑，聚焦政府、经济和社会三大数字化转型。

掌上办事、掌上治理"之省，构建业务协同、数据共享两大模型，建设一体化政府服务平台，让政府服务方式从"碎片化"转变为"一体化"，让群众企业"最多跑一次"。针对日益复杂的社会事务，浙江省运用"互联网＋督查""互联网＋执法监管""互联网＋社会治理""城市大脑"等技术，有力地促进政府部门高效协同、服务转型升级，引领全社会数字化转型，完成一场刀刃向内的政府治理革命。

在平台建设上，为了让群众和企业办事"少跑腿"，浙江省建成一体化政务服务平台"浙里办"，在全国率先建设成"政务一朵云"，基本实现群众和企业"网上办理""最多跑一次"，从"找多个部门"转变为"找整体政府"，助力浙江建成"掌上办事之省"。与此相对应，为了打通不同层级、不同部门之间的"信息孤岛"，浙江省开发了服务于政府工作人员的"浙政钉"系统，上百万名政府工作人员都能在这个平台上进行工作沟通和办公协同，该系统还可以实现手机、Pad、PC多端同屏在线，大大提升了办公效率，助力浙江建成"掌上办公之省"。此外，还有"浙里督"等"浙系列"平台不断上线，共同打造浙江数字政府"不打烊"。

在政务服务具体表现上，浙江省打造出一个全天候在线的数字政府。"浙里办"注册用户突破5400万，申请政务服务事项100%网上可办。机关内部"最多跑一次"实现率达100%，71家省级单位895个部门间办事事项实现"一网通办"。[1]"浙政

1.参见2021年4月28日国家发展改革委高技术司发布的《浙江数字政府建设取得积极成效》。

钉"于2019年年底已覆盖包括省、市、县、乡、村、小组六级组织，同时还上线了700余个办公、决策的辅助应用，以工具连接，打造出一个全天候在线的数字政府。基于"信用＋执法监管"的全省统一执法监管系统，全年累计开展掌上执法221万次，掌上执法率已达90.6%。为实现企业复工复产推出的"企业码"，在2020年一年里，领码用码企业达263.8万家，9.43万件诉求"码"上解决，立"码"兑现政策资金168.9亿元。[1]

从引领全国的"最多跑一次"改革到"数字化转型"，浙江省利用其拥有的高科技资源优势，不断丰富其数字政府建设的内涵。未来五年里，浙江省将继续向着高质量建成"机关效能最强省""政务服务满意省""数智治理先行省""智慧监管引领省""数字生态示范省"不断努力。

上述四个省、市是我国建设数字政府的第一批，它们根据本省市的实际探索出了自己独特的数字政府建设模式，为其他省市提供了数字政府建设很好的经验。当然，其他省市也有代表性的成功经验，例如北京市的"一次登录、全网通办"、江苏省的"不见面审批"、福建省电子政务"最强大脑"、四川省的"一次登录、全网通办"……其共同点是以政府服务为抓手，既做好"面子"的平台建设，也做好"里子工程"的顶层设计，最终形成了"小前端＋大平台＋富生态＋共治理"的数字政府架构体系，为未来数字政府的发展提供了无限可能。

1.参见2021年4月28日国家发展改革委高技术司发布的《浙江数字政府建设取得积极成效》。

第 7 章

完善数字生态　发展与安全并重

要健全法律法规和政策制度，完善体制机制，提高我国数字经济治理体系和治理能力现代化水平。要完善主管部门、监管机构职责，分工合作、相互配合。要改进提高监管技术和手段，把监管和治理贯穿创新、生产、经营、投资全过程。要明确平台企业主体责任和义务，建设行业自律机制。要开展社会监督、媒体监督、公众监督，形成监督合力。

——习近平总书记在中共中央政治局第三十四次集体学习时的讲话（2021年10月18日）

良好的数字生态，是数字中国建设的重要保障。《中华人民共和国国民经济和社会发展第十四个五年规划和2035年远景目标纲要》作出"营造良好数字生态"的重要部署，要求坚持放管服并重，促进发展与规范管理相统一，构建数字规则体系，营造开放、健康、安全的数字生态。如何在纷繁复杂的数字化世界中打造规范有序新环境、营造数字发展新优势、筑牢数字安全新屏障，是"十四五"时期加快建设数字强国、推进大数据发展战略的关键所在。

一、坚持综合施策：打造规范有序新环境

乱象仍然存在。同样的商品，如果是老客户购买，价格会比普通用户购买时高，经常购买的忠实老客户竟"尊享"更贵的价格，这就是"大数据杀熟"，该词曾当选2018年年度社会生活类十大流行语。大数据杀熟是平台利用所掌握的用户数据，对用户画像，从而针对老用户收取高于新用户的价格，真可谓是"最熟悉你的人伤你最深"。此外，更有强迫商户在平台中间"二选一"的市场不正当竞争行为。这些都对平台经济的健康发展造成不良影响。

监管与活力并不是非此即彼。我国数字化发展一日千里，迸发出来的创造力令人惊叹。但正如平台经济中出现的"大数据杀熟"和"二选一"等问题，我们在惊叹于其旺盛活力的同时，也必须重视其健康可持续发展。数字领域不是法外之地，日新月异的数字化发展进程为我国构建了新的发展前景，相应的，对当前数字领域的理论研究、政府数字化监管

以及数字体制机制等也提出了更高的要求。打造规范有序的数字环境要加强规划战略体系的完善，始终把法治作为基础手段，要保持发展活力和规范化监管两手抓，以构建规范有序的数字发展新环境。

（一）建设数字中国，发挥规划引领作用

国家对建设数字中国的规划统筹是战略层面的前瞻设计，也是擘画我国数字化建设美好图景的实践指引。国家规划发挥战略导向作用，为数字中国建设指明方向，提供强大、有力的支撑。在这些规划的引领下，各时期、各地区的数字化建设都有章可循，朝着明确的方向不断发展，数字化建设的各项任务也都在有序推进。

早在2015年10月，党的十八届五中全会就明确提出要实施"国家大数据战略"。2016年3月发布的《中华人民共和国国民经济和社会发展第十三个五年规划纲要》指出："牢牢把握信息技术变革趋势，实施网络强国战略，加快建设数字中国，推动信息技术与经济社会发展深度融合，加快推动信息经济发展壮大。"其中多个篇章涉及数字化建设内容，在第六篇中着重介绍了信息基础设施建设、现代互联网产业体系、国家大数据战略、强化信息安全保障等内容，数字中国建设被提到重要的地位。

2016年7月，《国家信息化发展战略纲要》印发，它是规范和指导我国未来十年信息化发展的纲领性文件。它明确了我国信息化建设的指导思想、战略目标、基本方针，部署了我国信息化三大战略任务，并总结我国信息化建设取得的进展，擘画未来十年信息化发展的蓝图，对国家的信息化建设起着重要的指导作用。

同年12月，《"十三五"国家信息化规划》出台，明确了我国"十三五"时期信息化建设的六大主攻方向、十大重点任务和重点工程、十二项优先行动和六项政策措施，为"十三五"期间各地区、各部门的信息化工作提供了行动指南。

2021年3月，《中华人民共和国国民经济和社会发展第十四个五年规划和2035年远景目标纲要》发布，将"加快数字化发展　建设数字中国"独列一章，从打造数字经济新优势、加快数字社会建设步伐、提高数字政府建设水平、营造良好数字生态几个角度描绘了"十四五"期间数字中国建设的路线图。

2022年1月，《"十四五"数字经济发展规划》发布。它是在充分认识数字经济这一新经济形态转向深化应用、规范发展、普惠共享新阶段的变化，及其推动生产、生活、治理方式变革，重塑全球经济结构，改变全球竞争格局的重大意义的基础上，依据《中华人民共和国国民经济和社会发展第十四个五年规划和2035年远景目标纲要》制定的。它总结了我国"十三五"时期在信息基础设施、产业数字化转型、数字政府、数字国际合作等方面的发展现状，并分块为各方面的建设提供规划引导，部署优化升级数字基础设施、充分发挥数据要素作用等重大任务，坚持发展与安全并重，发挥数字经济在培育发展新动能、提升经济质量效益等方面的强劲优势，引导数字经济规范健康持续发展。

我国紧跟数字化发展潮流，深刻把握数字化发展的趋势与规律，力争抓住先机，抢占未来发展的制高点。2021年10月

18日，中共中央政治局就推动我国数字经济健康发展进行了第三十四次集体学习。学习中，习近平总书记高度肯定发展数字经济的战略选择，强调要加强关键核心技术攻关，加快新型基础设施建设，推进数字经济和实体经济融合发展，完善数字经济治理体系，规范数字经济发展。这次学习进一步明确了数字经济事关全局的重要性，点明了发展、规范两手抓的路径选择，为全国的数字经济建设指明了清晰的发展方向。

作为数字化建设的行动指南，国家规划为数字中国建设提供了强大的引领作用。如今，我国数字化发展能力不断增强、数字经济发展动能强劲、数字政府治理效能持续提升、数字社会建设取得巨大进展，人民也在数字中国建设中获得了实实在在的幸福感。

（二）建设数字中国，发挥法治保障作用

构建规范有序的数字发展环境，必须始终把法治作为基础。这样不仅可以避免数字中国建设中的无序、不健康发展，而且可以为实现数字化发展与规范化监管两手抓提供有力保障。在数字化建设进程中，数据、个人信息面临着更大的风险，这对数据安全和个人信息保护提出了更高的要求。为此，必须筑牢法律屏障，维护数据与个人信息的安全。

数字化时代，数据的作用日益突出，一旦数据的安全遭到威胁，其损失将是不可估量的。2021年6月，《中华人民共和国数据安全法》（以下简称《数据安全法》）审议通过，该法作为我国数据安全领域的一部基础性法律，明确中央国家安全领导机构在数据安全工作中的统筹协调作用以及各部门、各地区的职责，强调数据开发利用、产业发展与数据安全并重，重视数据安全制度建设，明确组织和个人在数据活动中的数据安全保护义务，并对政务数据安全与开放等方面做出规定。《数据安全法》的出台能够促进数据资源合理有效的利用，强化对数据安全问题的重视，使数据安全问题治理有法可依，提高我国数据安全保障能力。

互联网中存在的个人信息被过度收集、非法收集、泄露等情况，会对网民们的正常生活甚至生命财产造成威胁，使网民在互联网时代的获得感大大降低。为此，我国加强对个人信息的保护。除在一些法律文件中有所涉及之外，2021年8月，《中华人民共和国个人信息保护法》审议通过，该法作为专门保障个人信息的法律，能够对网民的个人信息提供更加强有力的保障，对个人信息处理一般规定、敏感个人信息处理规则、国家机关处理个人信息的特别规定、个人信息跨境提供的规则等问题都进行了明确规定。

对数据安全和个人信息的法律保护只是缩影，法治在数字化建设中的作用不限于此。我们不扼杀数字中国发展的活力，但对于其间出现的问题需要用法律刚性化解，用法治为数字化建设保驾护航。

（三）建设数字中国，加强平台规范建设

伴随着数字经济的发展，数字平台不断崛起，成为新时代异军突起的发展力量。特别是在新冠肺炎疫情肆虐的当下，平台经济在缓解疫情冲击、稳定人们生活、促进复工复产中发挥了巨大的作用。对待数字平台这样的新生事物，应该秉持什么样的治理态度才能实现其创新且规范的发展？数字平台的发展并不是完美无缺的，在其令人惊叹的创造力背后仍存在着平台垄断、创新能力不强、算法滥用等方面的问题。

平台经济飞速发展，对我国的相关治理模式提出了更新的要求。2019年8月，《国务院办公厅关于促进平台经济规范健康发展的指导意见》（以下简称《意见》）发布，该文件从完善市场准入条件、实行包容审慎监管、鼓励发展平台经济新业态、优化平台经济发展环境、切实保护平台经济参与者合法权益等方面支持和规范平台经济的发展。《意见》的发布恰逢其时，为平台经济规范健康发展指明了前进的方向。伴随平台经济的进一步发展，其间的问题也逐渐暴露，2021年3月中央财经委员会第九次会议召开，会议指出目前平台经济发展中存在平台企业发展不规范、平台经济发展不充分、监管落后等问题，提出要加快法治建设，弥补平台治理规则上的空白。对待互联网新生事物，既不能扼杀其活力，也不能放任其自由生长，政府应保持包容审慎的态度，最大程度地促进平台经济良性发展。

数字化时代，互联网平台的"造富能力"令人惊叹。在各大财富排行榜上，从事实体生产活动的企业家不得不为新兴的互联网平台科技巨头让位。然而，这可能大部分归功于平台企业的排他性垄断发展。这些行为不仅损害了消费者的合法权益，也对平台经济的健康发展造成恶劣影响。2021年2月国务院反垄断委员会印发的《反垄断委员会关于平台经济领域的反垄断指南》（以下简称《指南》）指出："大数据杀熟"可能构成滥用市场支配地位差别待遇行为，"二选一"可能构成滥用市场支配地位限定交易行为。若构成垄断行为，相关部门将对此予以严厉处罚。除此之外,《指南》还对经营者集中等热点问题进行了深入阐释。这些都有利于打击平台经济中的垄断行为,维护消费者合法权益,促进市场公平竞争,帮助实现平台经济的创新、可持续发展。

此外,目前互联网企业中存在着一些极少亏损、占据市场优势地位的企业对一些处于弱势地位的企业进行收购的现象。创新是需要协作的,只有多数的公平参与才能更好地实现创新,赢家通吃的现象不仅阻碍了小企业的发展,在一定程度上扼杀了创新的活力。创新不是一家独大、独享利益,平台经济需要注入新鲜的血液,其发展需要有创新型初创企业出现,来打破那份沉寂的"安宁"。加强反垄断监管要以激发创新、创造活力为原则,遏制企业的过度逐利行为,"为创新谋,为长远计",促进资源向技术革新、质量改进、服务提升和模式创新倾斜,打击不当竞争行为对平台经济发展活力的抑制,引导企业注重创新,实现可持续发展。

数字平台是建设数字中国的代表性力量,规范数字平台的发展对于营造良好的数字发展环境具有非常重要的意义。我国更新治理模式,采取包容审慎的态度,坚持问题导向,针对发展进程中的垄断、创新能力不强、算法滥用等问题提出有力的治理措施,以此既保证其活力又规范其发展。

规范有序的数字发展环境是数字生态建设的基础。加强发展环境建设,需要前瞻性的国家规划引领、法治的基础保障和规范的数字平台。现阶段,仍要继续做好数字顶层设计和战略谋划,实现数字化发展和规范化监管两手抓,全面提升数字生态治理能力,推动数字中国健康、有序、可持续发展。

二、发展才是硬道理：赋能数字中国建设

打造数字优势、角逐发展先机，是营造良好数字生态的重要内容。发展才是硬道理。顺应信息化、数字化的发展趋势，抓住机遇，加强前瞻性顶层设计，统筹推进新型基础设施建设，勇迎挑战，加快数字技术攻关。在百年未有之大变局之下更需要国际社会的携手合作。

（一）统筹推进，加快新型基础设施建设

新型基础设施建设（以下简称新基建）是数字时代发展的关键"底座"。新型基础设施主要包括：信息基础设施、融合基础设施和创新基础设施。其中，信息基础设施又包括通信网络基础设施、新技术基础设施及算力基础设施。融合基础设施主要是指加持数字新技术，促进传统基础设施转型升级形成的基础设施。而创新基础设施是指能够为科研、技术开发等创新活动提供便利的基础设施。从内容上来看，相比传统基建，新基建更具技术性与专业性，也能够更加广泛地为生产生活赋能。

加快新基建能够稳定投资、扩大内需，从而促进经济增长。从新冠肺炎疫情肆虐的当下来看，我国加快建设新型基础设施能够在一定程度上缓解由疫情带来的冲击，在增加就业的同时，扩大内需，从而减轻疫情给财政、企业和人们带来的压力。从长远角度来看，新型基础设施建设是数字化建设的基石，是现如今我国数字发展形势的要求。加快新基建能够奠定坚实的技术基础，助力经济社会各方面的数字化转型，促进我国产业结

构的转型与升级，加速推进经济发展质量稳步提升，为数字中国的建设注入强劲动能。

伴随着数据的海量增长，对其承载实体数据中心的需求也大幅增加。再加上数据跃升为与资本、劳动、技术等齐名的生产要素，数据中心的建设与发展正当其时。但目前，我国的数据中心建设仍然存在建设布局结构性失衡、缺乏协同合作等问题。基于此，2021年5月，《全国一体化大数据中心协同创新体系算力枢纽实施方案》印发，该方案提出支持开展"东数西算"工程，让西部依靠其综合成本低、资源丰富等优势提供算力供应，而东部地区进行数据搜集、结果应用。东西部的区域合作能够有效发挥东部地区的科技优势与西部地区的资源优势，提升数据要素的利用效率，推进全国数据中心的整体建设。

北斗系统的建设逐步成为发展新基建的重要落脚点。作为我国自主建设、独立运行的全球卫星导航系统，北斗不仅能够帮助我国摆脱对GPS等其他国家卫星导航系统的依赖，真正意义上助力国防安全，还在新基建方面发挥了举足轻重的作用。新基建是数字化发展的基础，而北斗是新基建的基础。北斗卫星导航系统有助于精确地实行数字化、网络化、智能化，从而推动更高效的建设，为智慧生产、生活赋能。比如，北斗与5G"强强联合"，可构建室内外无缝连接的定位体系，满足更高端的定位需求。"北斗+""+北斗"的创新，加强了与物联网、5G等数字技术的交叉融合，推动北斗融入新基建、助力新基建。

以上仅列举了我国数据中心和北斗卫星导航系统的发展情

况。其实，我国对新基建的统筹布局远不止这些，仅2020年以来"新基建"这一经济政策热点词语就在不同的国家会议或文件上多次出现，可见我国高瞻远瞩的顶层设计与推进。营造数字发展新优势，离不开新基建的支撑作用。

（二）创新赋能，加强数字技术攻关

2021年9月26日，国家主席习近平向2021年世界互联网大会乌镇峰会致贺信，指出：数字技术正以新理念、新业态、新模式全面融入人类经济、政治、文化、社会、生态文明建设各领域和全过程，给人类生产生活带来广泛而深刻的影响。如果把数字中国的建设比作一艘大船，数字技术则是助力"大船"扬帆远航的"桨"。提升科技自立能力、加快数字技术开发和应用，不仅是营造良好数字生态的重要内容和关键领域，也是统筹安全与发展的重要战略举措，还是我国数字发展的重中之重。以创新赋能发展，用自主保障安全。

加强数字技术攻关，牵住自主创新"牛鼻子"。我国在数字技术方面取得了较大的进步。5G是数字经济时代核心的驱动力量，我国现如今在5G的商业化、规模化应用处在世界领先地位。据工业和信息化部数据，从基站数量来看，目前我国已建成超过115万个5G基站，其数量占到全球70%以上；从终端用户数量来看，我国5G终端用户高达4.5亿户，占全球80%以上。党中央高度重视5G发展，2021年7月，《5G应用"扬帆"行动计划（2021—2023年）》（以下简称《计划》）发布。《计划》坚持需求牵引、创新驱动、重点突破、协同联动的基本原则，提出5G应用关键指标大幅提升、重点领域5G

应用成效凸显等发展目标，明确了包括5G应用标准体系构建行动、5G产业基础强化行动在内的八大行动，指引5G的发展。此外，我国在云计算、人工智能等先进数字技术领域也取得了一定的发展。

　　加强数字技术攻关，助力新时代取得新发展。数字技术与各行各业的深度融合，能够促进行业的高质量发展。数字技术的发展能够有效提高国家应对疫情和减轻疫情负面影响的能力。如通过现代化的数字技术，我们能通过"行程码"等应用程序快速锁定患者活动轨迹并追踪到接触者。此外由AI辅助的CT影像分析工具等技术设备也能够提高诊断效率，为抢救生命争取时间。大数据等数字技术在医疗紧缺物资的生产组织及调度管理上也发挥了重要的作用。这些都在不同程度上彰显了数字技术在病毒溯源、防控救治、资源调配等方面发挥的强大力量。数字技术助力绿色发展。数字技术不仅能够为新能源等产业提供技术支持，比如依靠数字技术给光伏板做"CT扫描"，快速找出故障；还能与电力、工业、能源等高能耗行业融合，促进提高生产效率、助推转型升级，从而有效降低碳排放，助力实现绿色发展。数字技术守护传统文化。中华优秀传统文化是我们世代流传的宝贵精神财富，依托现代数字技术，可以促进对中华优秀传统文化的保存和弘扬，使其焕发更大的生机与活力。利用数字技术可以让深居馆中的"明珠"以现代化的姿态走入人们的视野，比如《清明上河图3.0》利用现代化的数字技术，让原画中的人物、船只等都"动起来"，重现画中发生的故事。系统还可以通过观众即时拍摄的图片，自动在画中找出最相似的人。数字技术让人们真切感受到优秀传统文化的魅力，使其重新"活起来"。

诚然，我国在核心技术攻关方面的进步是有目共睹的，但是我们的目标是"星辰大海"，与其他发达国家的技术差距仍是急需解决的现实问题。目前，我国在数字技术方面仍存在自主创新能力不强、关键核心技术"卡脖子"等问题。为此，要不断通过发挥我国社会主义制度优势、新型举国体制优势、超大市场规模优势，实现高水平的自立自强。与时俱进完善和改革科技创新的体制机制。依靠前瞻性战略眼光，瞄准未来前沿科技，加强关键领域的技术布局，形成新优势。

（三）开放共享，构建网络空间命运共同体

2015年12月16日，国家主席习近平在第二届世界互联网大会上指出："网络空间是人类共同的活动空间，网络空间前途命运应由世界各国共同掌握。各国应该加强沟通、扩大共识、深化合作，共同构建网络空间命运共同体。"构建网络空间命运共同体是构建人类命运共同体的重要组成部分，是我国在互联网飞速发展的当下提出的促进共同发展的中国方案。我国始终坚持开放共享，积极参与数字国际合作，积极开展双、多边的数字治理合作，贡献中国智慧。

数字丝绸之路是我国倡导发起的国际数字合作平台，是数字化与"一带一路"的结合。该平台旨在通过加强沿线周边国家的信息网络及相关基础设施建设，从而加速普及信息网络应用、加强沿线各国在信息产业方面的交流，提高信息化发展水平，实现各国的共赢。搭载现代化的信息技术，沿线各国打破物理空间的局限实现互联互通，不需要耗费高额的成本就能轻

松实现交流和对接，这对各国展开进一步的开放合作具有基础性的意义。数字丝绸之路虽然源自中国但是属于世界。通过数字丝绸之路，我国已经与越来越多的国家建立了合作关系，各国也在新型基础设施、跨境电商等方面展开合作。我们相信，这些加强合作的努力也必将惠及各国的国民，让大家切实享受到数字化带来的红利。我们追求的不是中国数字化的一枝独秀，而是各国百花齐放的数字大花园。

中国积极参与全球数字治理。数字发展如潮水之势涌来，我们不但不能抗拒，还要以开放的心态融入，抓住先机实现更好发展。数字化发展浩浩荡荡，数字方面的国际合作对全球经济增长的推动作用越来越明显。但是全球的数字经济规则制定跟不上发展的脚步，规则和秩序的缺失容易导致发展的无序，诸如数字本地化存储、数据跨境流动等问题均需要一个统一的规则来协调。2021年11月1日，我国正式提出申请加入《数字经济伙伴关系协定》（DEPA），彰显了我国积极参与全球数字治理的决心。这不仅有助于加强同其他国家的交流，促进国内数字治理框架的优化和完善，以实现更具创新性的发展，同时也能为国际范围内数字经济的发展吸引更多的关注，有助于将发展中国家的诉求融入全球规则当中，为国际规则的制定贡献中国力量、发出中国声音。

发展数字丝绸之路、加入DEPA、参与国际数字合作规则的制定，都是我国加强全球数字合作、积极推进网络空间命运共同体建设的缩影。合作才能实现共同向好的发展。中国在数字国际合作中志在引领，重在分享，希望能积极贡献中国方案，与各国一道共同构建人类命运共同体，实现共赢共享。

三、数字网络安全：行稳致远的"压舱石"

2021年7月2日，网络安全审查办公室开启对滴滴出行的安全审查，经查发现该App存在严重违法违规收集、使用个人信息的问题，7月4日，滴滴出行App在应用商店下架。与此次审查类似的，运满满、货车帮等也受到了网络安全审查。这几家公司都是行业内的巨头，掌握了我国大量的用户个人信息数据、导航场景数据、范围巨大的道路交通数据等重要内容，数据的敏感性和重要程度不言而喻，若放任其存在的数据安全风险、监管风险等问题，对我国网络安全的威胁可想而知。国家的果断行动制止了我国网络安全可能遭受的打击，并释放了一个强有力的信号：保卫我国网络安全，刻不容缓！

网络安全与个人息息相关。网络安全问题可能会导致个人信息泄露，并引发诈骗等违法犯罪行为。你是否曾经接到过号码可疑的陌生来电或短信，对方以客服、公检法等身份向你提出贷款、刷单返利、涉嫌参与犯罪活动等五花八门的借口，要求你告知银行账户或进行汇款等？其实这些都是常见的电信诈骗套路。诈骗团伙利用非法获取的私人信息对用户展开诈骗，严重威胁公民的生命财产安全。

不仅是公民个人，网络安全问题还会影响国家社会的安定。国家的重要信息情报、基础设施等都有可能因网络安全问题而泄露或遭受重大打击。如海莲花黑客组织从2012年就开始对我国的海洋相关机构进行攻击，窃取我国的重要情报，对我国的海洋工作造成威胁。搭载现代化数字设备，一些藏匿于网络中的违法犯罪活动也更加猖獗，恐怖主义借助网络更加迅捷且隐蔽地向世界传递恐怖信息、招兵买马、荼毒人心。

| 知识链接 |

国家反诈中心App

国家反诈中心App是由公安部于2021年6月推出的一款能有效预防诈骗、快速举报诈骗内容的软件。软件里面有丰富的防诈骗知识，通过学习里面的知识可以有效避免各种网络诈骗的发生，提高每个用户的防骗能力，用户还可以随时向平台举报各种诈骗信息，减少不必要的财产损失。此外，它的"反诈预警、身份验证、App自查、风险查询"等核心功能可以最大限度地减少民众被骗的可能性。

（一）网络安全变"刚需"

这是一个万物互联的时代，万物互联同时意味着风险互联，也意味着网络安全问题越来越复杂。作为非传统安全领域的组成部分，网络安全是全人类共同面对的日渐突出的安全问题，一旦处理不当便会牵一发而动全身，以至于威胁国家安全。随着世界范围内的交流合作不断加强，网络安全也成为一个全球性的挑战，任何国家都不能冷眼旁观。

网络安全与信息化建设犹如"两翼"。2016年4月，习近平总书记在网络安全和信息化工作座谈会上明确指出："网络安全和信息化是相辅相成的。安全是发展的前提，发展是安全的保障，安全和发展要同步推进。"我们不能只顾网络安全因噎废食而拒绝发展，也绝不能割裂安全妄谈网络发展，两者只有相互驱动、共同进步，才能更好地服务我国与全球的网信事业。诚然如此，网络安全在互联网飞速发展的今天愈加重要，许多国家机密的保密和基础设施的控制都需要依靠网络，如果只专注数字信息化的发展而不顾网络安全就如临累卵之危，网信事业的"大厦"可能会在一瞬间倾塌；反之，信息化为中华民族带来了千载难逢的机遇，如果在数字化时代关紧网络世界的大门，势必会导致落后。"落后就要挨打。"因此我们不能畏首畏尾，应该在保障网络安全的基础上，积极发展信息化事业。

（二）网络安全事业成果颇丰

网络安全政策体系建设不断加强。2017年6月1日，《中华人民共和国网络安全法》正式实施，作为我国网络安全领域的基本大法，该法充分显示了党和国家对网络安全问题的高度重视。2021年网络安全政策建设成果丰硕。6月10日，《中华人民共和国数据安全法》审议通过。作为一门专门性数据安全方面的法律，该法积极回应实践中的数据安全问题，坚持发展与安全并重，加强与《中华人民共和国网络安全法》等相关法律制度的衔接，为网络安全工作的推进提供便利。7月10日，《网络安全审查办法（修订草案征求意见稿）》公开征求意见，该办法完善了我国网络安全审查方面的相关规定，使我国网络安全审查工作的展开更加科学合理。7月12日，《网络安全产业高质量发展三年行动计划（2021—2023年）（征求意见稿）》发布，该计划制定了到2023年网络安全产业的发展目标，为近三年网络安全产业的发展指明了方向。同日，《网络产品安全漏洞管理规定》公布，该规定完善并规范了对网络安全产品漏洞的管理，强化了网络安全风险的防范能力。政策体系建设的加强，让我国网络安全工作更加制度化、规范化，助力网络安全事业的发展。

网络安全为人民。我国始终坚持以人民为中心，这要求我国网络安全事业注重对我国公民个人信息的保护，严防个人隐私被侵犯。得益于信息技术的发展，App 极大便利了人们的生活。然而，这如火如荼发展的背后，App 违规违法收集或泄露用户个人信息、无序发展的现象也越来越普遍。因此，我国正加大力度对网络空间中存在的违规违法收集用户个人信息的行为进行惩治，各地网信部门纷纷对一些常见且用户数量较大的 App 收集使用个人信息的情况展开检测，分应用类别进行通报并责令限期整改。2021 年 11 月 19 日，习近平总书记在致首届中国网络文明大会的贺信中指出："网络文明是新形势下社会文明的重要内容，是建设网络强国的重要领域。近年来，我国积极推进互联网内容建设，弘扬新风正气，深化网络生态治理，网络文明建设取得明显成效。"我国全面加强互联网内容建设，不断加强网络环境净化，整治了一批违法违规自媒体。网络谣言、非法制造的舆论点，低俗、暴力的内容等不良信息将无处遁形。针对"饭圈"各家粉丝互撕谩骂、拉踩引战、造谣攻击等行为，中央网信办重拳出击，加强了对"饭圈"乱象的治理，积极营造清朗的网络空间。2021 年，中央宣传部、中央网信办等六部门合力开展"净网"集中行动，严厉打击网上的有害信息、不良内容，成效显著。总之，我国不断加强对网民个人信息的保护，净化网络环境，营造风清气正的网络空间，使网络安全事业真正做到为人民服务。

| 知识链接 |

App 能提取哪些个人信息

地图导航类：位置信息、出发地、到达地。

网络约车类：注册用户移动电话号码、乘车人出发地、到达地、位置信息、行踪轨迹、支付时间、支付金额、支付渠道等。

即时通信类：注册用户移动电话号码、账号信息。

网络支付类：注册用户移动电话号码、注册用户姓名、证件类型和号码、证件有效期限、银行卡号码。

网上购物类：注册用户移动电话号码，收货人名称、地址、联系电话、支付时间、支付金额、支付渠道等。

餐饮外卖类：注册用户移动电话号码、收货人名称、地址、联系电话、支付时间、支付金额、支付渠道等。

——参见 2021 年 3 月 26 日 "网信中国" 微信公众号载发的《App 能提取哪些个人信息？一张图明了》

网络安全产业发展迎来春天。网络安全产业是为保障网络安全提供产品、技术或服务的行业。随着我国对网络安全的重视程度不断加强，网络安全逐渐变成 "一线"，网络安全产业也迎来巨大的市场机遇。据《2021 年中国网络安全产业分析报告》显示，2020 年我国网络安全市场规模约为 532 亿元，预计未来三年将保持高速增长，到 2023 年网络安全市场规模将超过 800 亿元。从网络安全行业客户分布和增长速度来看，我国京津冀、长三角等经济发达地区对网络安全的需求旺盛，客户数量的增速也保持在 40% 以上，发展形势较好。在网络安全企业中，奇安信、启明星辰、深信服三家企业的市场占有率较高，具有较强的综合实力。此外，网络安全企业紧跟发展趋势，不断提升技术、改进产品，在数据分类分级、管理监测和响应、API防护安全等热点方向进行了深入的研究。相信在未来，网络安全产业将会受到更多资本的青睐，不断实现创新发展，为我国筑牢网络安全屏障贡献力量。

网络安全人才培养模式不断健全。得人者兴，失人者崩。网络安全的核心要素之一是人才建设，目前我国已有四十多所高校成立了独立的网络安全学院，一百七十多所高校设立与网络安全相关的专业，系统培养网络安全人才。此外，还有其他多种人才培养模式。以"护网杯"为代表的网络安全竞赛，在发现培养网络安全人才、促进网络安全技术交流方面发挥了重要的作用，"以赛代练"，在竞赛中促进网络安全人才能力的快速提升；"资源整合，发挥更大优势力量"，中国信息通信研究院和亚信安全达成合作关系，双方将共同发力5G安全、工业互联网等领域的研发，共同推动人才队伍的建设；"网络安全为人民，网络安全靠人民"，2021年国家网络安全宣传周于西安落下帷幕，该活动不仅有网络安全博览会、网络安全技术高峰论坛，还有涉及青少年网络安全保护论坛等多个方面的交流活动，极大促进全民网络安全意识和技能的提升。积极培育网络安全人才，激发人才活力，对于促进网络安全产业创新发展具有非常重要的意义。

总之，网络安全不仅是营造良好数字生态的关键所在，更是国家安全的重要组成部分。在互联网和数字经济飞速发展的今天，在百年变局和世纪疫情交织叠加的当下，全面加强网络安全具有深远的意义。尤其我国网民数量和电子商务总量规模巨大，是名副其实的网络大国，需要特别注重网络安全问题，这关系到国家安全、人民幸福和民族复兴。建设数字中国正在全速启动和全面发展，网络安全是数字中国建设的护航者，守护我国数字化事业、数字中国建设行稳致远！

第 **8** 章

展望数字未来　实现强国梦想

数字经济发展速度之快、辐射范围之广、影响程度之深前所未有，正在成为重组全球要素资源、重塑全球经济结构、改变全球竞争格局的关键力量。

——习近平总书记在中共中央政治局第三十四次集体学习时的讲话（2021年10月18日）

回顾往昔，数字中国建设的巨大成就有目共睹；展望未来，数字强国建设的光明前景令人奋进。早在2014年11月19日，国家主席习近平向首届世界互联网大会致贺词时就指出："当今时代，以信息技术为核心的新一轮科技革命正在孕育兴起，互联网日益成为创新驱动发展的先导力量，深刻改变着人们的生产生活，有力推动着社会发展。"站在第四次工业革命的全新起跑线上，各国前沿科技较量愈发尖锐，建设数字强国任重道远。加快建设数字强国，不仅是建设社会主义现代强国的应有之义，也是实现中华民族伟大复兴中国梦的必然选择。

一、中华民族伟大复兴的数字雄心

山以险峻成其巍峨，海以奔涌成其壮阔。2021年是中国共产党成立100周年，100年前的中华民族风雨飘摇，处于生死存亡之际。中国共产党的诞生为中国人民带来了希望的曙光。习近平总书记在庆祝中国共产党成立100周年大会上深情回顾了中国共产党百年奋斗的光辉历程，将党团结带领中国人民创造的伟大成就精辟概括为"新民主主义革命的伟大成就""社会主义革命和建设的伟大成就""改革开放和社会主义现代化建设的伟大成就""新时代中国特色社会主义的伟大成就"。一百年来，中国共产党团结带领中国人民进行的一切奋斗、一切牺牲、一切创造，归结起来就是一个主题：为中国人民谋幸福、为中华民族谋复兴。数字强国建设正是中华民族伟大复兴合奏曲的时代强音。

（一）建设数字强国将证明中华民族的生命力和创造力

数字强国建设的全面推进，为中华民族生命力与创造力的迸发提供了有力的支撑和保障。特别是党的十八大以来，"党坚持实施创新驱动发展战略，把科技自立自强作为国家发展的战略支撑，健全新型举国体制，强化国家战略科技力量，加强基础研究，推进关键核心技术攻关和自主创新，强化知识产权创造、保护、运用，加快建设创新型国家和世界科技强国。……推进制造强国建设，加快发展现代产业体系，壮大实体经济，发展数字经济。"[1]数字中国建设取得了突破性的成就与进展，在发展质量、发展速度与发展能力上，都发挥出无与伦比的数字动能。

数字强国发展速度稳步提升。数字经济蓬勃发展，数字社会亮点纷呈，一个日新月异的数字强国正加速向我们走来。在全球创新指数排名中，我国从2015年的第29位跃升至2020年的第14位。2019年以来，我国成为全球最大的专利申请来源国，5G、区块链、人工智能等领域专利申请量全球第一。数字经济发展活力不断增强，我国数字经济总量跃居世界第二位，成为驱动数字经济高质量发展的核心关键力量。

数字强国建设质量显著加强。在数字经济建设中，数字化转型催生出更多新业态，涵盖数字产业化和产业数字化的各类应用场景，基础性研发领域取得重要突破。我国信息基础设施建设规模全球领先，建成全球规模最大的光纤网络和4G网络，

1.见2021年11月11日党的十九届六中全会通过的《中共中央关于党的百年奋斗重大成就和历史经验的决议》。

5G商用全面提速，IPv6规模部署取得明显成效。信息技术创新能力持续提升，5G网络建设速度和规模位居全球第一；在数字政府建设中，全国一体化政务服务平台已经基本实现，有效数字市场与有为数字政府实现高度融合；在数字民生建设中，利用数字化技术让路更"短"，让情更"长"，让服务随时"在线"，满足了人民群众多样化的数字需求。

数字强国发展能力不断增强。信息基础设施持续完善，为数字化发展提供坚实保障。核心技术创新取得持续性突破，为数字中国的建设提供源源不断的动能。我国依托国内规模超大市场优势，在消费互联网领域形成明显优势，成为推动世界数字经济增长的主要力量。"千淘万漉虽辛苦，吹尽狂沙始到金。"数字强国建设所取得的伟大成就，无一不体现出中华民族蓬勃的生命力和优秀的创造力，也为全世界提供了中国样本和中国方案。

（二）建设数字强国将是全面建设社会主义现代化国家的关键引擎

改革开放以来，尤其是党的十八大以来，数字强国的飞速发展使巍巍中华以昂扬的姿态屹立于世界民族之林，为中华民族伟大复兴提供源源不断的数字动力，成为实现中华民族伟大复兴的核心引擎。在党中央的高度重视关怀下，在人民群众的迫切期待中，数字强国建设用极短的时间、极高的效率，实现了中华民族的数字之梦。

数字经济高歌猛进，引领经济发展新常态。数字经济在融入和引领经济新常态发展中已经取得骄人成绩。在未来发展中，数字强国建设还会不断加强信息化、数字化与实体经济的深度融合，从"互联网＋"往"人工智能＋"的方向不断发展，使得数字经济有新的实质性的飞跃，进一步推动数字产业化和产业数字化发展。同时，由于全球性贸易也在不断向数字化转型，因而数字经济的贸易性也会不断增强。数字经济将成为推动经济发展的最重要因素。

数字基建愈加完善，打造数字强国新动能。中国已经在5G技术上抢得先机、快人一步，未来会进一步加强5G、人工智能、数据中心等新基础设施建设，为数字强国提供有力的支撑和保障。数字智慧赋能政府，数字政府建设会使决策更科学、公共服务效率更高、社会治理更直击痛点、民主化建设更上一层楼。数字鸿沟将会进一步缩小，数字政府将成为推动现代化治理的重要主体，也将成为人民群众幸福生活的重要保障。

数字社会生机勃勃，满足人民数字需要。数字化教育更加深入普及，人们可以实现"不出门尽知天下事"；数字化医疗建设将使老百姓生活更加便利，随时随地可以享受医疗服务；数字化乡村建设也将让农耕、畜牧、养殖效率大大提高，解放劳动人民双手的同时带来更高的经济收益。数字强国建设是中华民族前进道路上的必然选择，通过数字解决经济民生大事的时代正在向我们迎面走来，我国也将把握第四次工业革命的机遇，百尺竿头，更进一步，以数字赋能发展，用建设谋求辉煌。

（三）建设数字强国将凝结成中华民族提供给全人类的智慧结晶

中国共产党历来就把为人类作贡献当作自己的重要使命之

一。新中国刚刚成立时，毛泽东同志就说过"中国应当对于人类有较大的贡献"[1]。如今，中国特色社会主义进入新时代，习近平总书记在中国共产党第十九次全国代表大会上指出："中国共产党始终把为人类作出新的更大的贡献作为自己的使命。"

数字强国建设是关乎十四亿中国人民的伟大事业，更是构建人类数字命运共同体的先锋表率。现如今，数字强国建设驶入高速发展的"快车道"，未来也将持续不断地为数字地球的建设贡献中华民族的智慧结晶。中国数字化建设从无到有再到发展壮大，涌现出加快数字化转型、把握核心技术、将数字化成果应用到民生等许多伟大经验和优秀案例，这些不仅是中国自身建设的成果，也是中国为世界数字化发展所作出的表率。

数据是支撑，开放是方法，创新是动力。中华民族的数字化建设不是封闭的一枝独秀，而是兼顾开放与包容的满园春色，她秉承着开放与共享的原则，发挥出数字强国建设的最大效益。加强数字全球合作、充分参与国际治理，是将数字强国建设的智慧结晶提供给世界各国的必然要求，从构建"数字丝绸之路"到构建人类命运共同体，无一不展现了中华民族的大国担当，也显示了中华民族为推动世界和平与人类文明进步所发挥的数字力量。

二、从实践中来到实践中去的数字经验

"纸上得来终觉浅，绝知此事要躬行。"数字强国建设并非

1.毛泽东：《纪念孙中山先生》，载《人民日报》，1956年11月12日。

纸上谈兵，而是从实践中一步一步积累经验，再运用到实践中去的。数字强国建设之所以能够取得如此成就，最根本的原因和最根本的经验在于以习近平同志为核心的党中央的坚强领导。深刻总结分析数字中国建设的实践历程和未来发展，继续在数字中国建设上行稳致远，取得更加彪炳史册的骄人业绩，需要牢牢把握以下几条基本经验。

坚持以人民为中心，以人民福祉为落脚点。随着我国社会主要矛盾转化为人民日益增长的美好生活需要和不平衡不充分的发展之间的矛盾，人民群众对美好生活的向往愈发强烈，盼望就业更充分、住房更宽敞、环境更宜居、服务更贴心、教育更公平、文体活动更丰富多彩、社会更和谐有序。数字技术造福人民群众，要从让人民群众过上美好生活出发考虑问题，做好调查研究，找准数字社会建设的切入点和着力点，提高利用数字技术保障和改善民生的能力，增强人民群众的获得感、幸福感、安全感。数字强国建设是关乎十四亿中国人民的伟大事业，更是推动构建人类数字命运共同体的重要内容。建设数字强国，要始终把增进人民福祉作为信息化发展的出发点和落脚点，始终把老百姓满意、人民群众有获得感作为检验信息化发展成果的标尺。

发挥新型举国体制优势，强化数字顶层设计。数字经济事关国家发展大局，要做好我国数字经济发展顶层设计和体制机制建设，加强形势研判，抓住机遇，赢得主动。在数字强国建设中，政府应该为数字强国的未来发展当好"设计师"，加强顶层设计、总体布局，协调好各方，使其齐头并进地推动数字强国建设和发展。此外，新型基础设施建设是加速发展数字化和现代化的基石，加强产业与数字信息的深度融合，基础设施先行，产业及时跟进。顶层设计同样需要中间层沟通下方，向上传达。总而言之，顶层设计在数字强国建设中起着引领方向的作用，对于数字强国建设和发展有着纲举目张的意义。

抢占科技制高点，培育打造数字新动能。科学技术是第一生产力，现如今已经成为推动数字强国发展的命脉所在。当今世界正处在百年未有之大变局加速演变的过程中，科技博弈已经成为国际战略博弈的主要领域和战场。必须坚持创新，强化战略科技力量，推动科技创新和经济社会发展深度融合，倡导创新文化，引进创新型人才，让创新蔚然成风。只有在核心技术上有所突破，在数字建设中才会更有发言权；只有核心技术不再受制于人，数字强国的发展才能取得更大的突破。

伟大实践呼唤伟大理论，伟大理论又能指引伟大实践。数字强国建设过程中的这些经验弥足珍贵，为我国数字化发展引领前进方向，在我国加快信息化发展、建设数字强国的过程中闪耀着智慧的光芒。

三、十四亿中国人的数字参与

数字强国的全面推进将使得中国加速进入到一个万物感知、万物互联、万物智能的数字化智能社会。在数字化技术不断更新迭代的新时代，调动全体中国人的积极性与创造性，使他们参与数字强国建设，是新时代实现数字强国目标的内在动力要求。建设数字强国并不是一朝一夕，也不是只经过少数人的努力就能铸成的，而是要靠十四亿中国人的共同参与。

（一）激发人民数字热情

人是生产力中最具有决定性的力量和最活跃的因素，数字化与智能化的发展归根结底受益的是人民大众，以人民为中心，建设民之所需、民之所盼的数字强国，不但能让全体人民共享数字化福利，而且能更好地激发全体人民建设数字强国的热情和积极性。数字经济发展使人民生活水平显著提高；数字政府建设使政府工作效率不断提高，老百姓办事更加方便；医疗、教育、社会保障等民生大事如今都可以足不出户，通过数字化实现……可以说，数字经济的全面发展深入便利了人民的生活，让人民的生活更加美好。

数字强国建设的每一次突破与发展，无不来自人民的参与和支持；数字强国经验的创造与积累，无不源于人民的实践和智慧。人民群众是否真心拥护数字强国建设，是否从数字强国中获取更多便利，是检验数字强国建设成果的根本价值维度。只有真正地做到了信息惠民、数字为民，让人民群众更好享受数字带来的红利，才能将十四亿中国人的磅礴力量融入到数字强国建设的伟大事业中。"好风凭借力，送我上青云。"十四亿人民的共同努力不断推动数字强国的建设和发展，光明的数字强国前景也将惠及万民。

（二）提高全民数字素养

截至2021年6月，我国手机网民规模为10.11亿，形成了全球最为庞大、生机勃勃的数字社会。数字技术日新月异，应用层出不穷，挑战也接连不断。全民只有不断提升数字素养，才能更好地适应社会新形态。数字素养是指对数字信息和技术的使用和理解，包括辨别和运用信息、把信息与数字技术结合进行创造和再创造、将数字技术用于情感交流和价值评价等社会生活的能力。[1]以数字强国建设为大背景、以人工智能等先进技术为依托，构建适合我国国情的全民数字素养体系，在数字强国的建设进程中尤为重要。

为了顺应时代发展的潮流，消除数字鸿沟，需要加强全民数字教育技能培训，普遍提高全民的数字素养。人社部发布的《提升全民数字技能工作方案》（以下简称《方案》）提出了一系列提高全民数字素养的方案与举措。这些举措主要包括六个方面，着重于开展互联网＋、大数据、云计算等基础数字技能培训，以更好地面对数字技能所带来的机遇与挑战。《方案》提出：一要完善提升全民数字技能政策措施，二要加强技工院校数字技能类人才培养，三要加强数字技能职业技能培训，四要提升数字技能人才培养基础能力建设，五要推进数字技能类人才评价工作，六要积极开展数字技能类职业技能竞赛。政府在研究和制定相关政策时，应该将加强数字化建设作为重要的考虑因素，重点培养数字化人才，充分调动人员积极性，用人才评价、职业技能竞赛等方式鼓励人才积极主动、创新超越。同时，人民群众也要不断提升自己的技能，更好适应社会要求。

"进入数字经济时代，数字技能的学习更应该是低门槛的、面向大众的和普惠的。"[2]数字技能人才的转型对于各行各业都意

1.参见廖睿灵：《人社部发布6大举措推动提升全民数字技能》，载《人民日报（海外版）》，2021年5月14日。
2.罗亦丹：《落实提升全民数字技能工作方案　人社部推出新职业在线学习平台》，载《新京报》，2021年7月13日。

义重大，数字素养的内涵也随着数字技术的发展而不断扩充，必须不断增强人民大众对于数字信息的接受与给予能力，涵养与数字社会相适应的道德规范、社会观念和文明新风尚。从直播平台的价值导向，到网络论坛的风向引领，再到在线教育的内容规范等，都需要形成符合新时代要求的思想观念与文明风尚。国家各项政策与部署为全民数字素养提升提供了更多机会，我们应该积极参与响应。

（三）发挥数字公民优势

十四亿多人创造的巨大数字市场是我国数字强国建设的最大优势，也是数字技术最宏大的应用场景。得益于数字经济的不断发展和全国人民的共同建设，我国逐渐形成了超大规模的数字市场。具体表现在：人口基数不断扩大，数字经济不断发展，形成了庞大的国内需求；数字基础设施建设成效显著，为进一步扩大数字市场、稳定市场环境做出重要保障；除了商品经济的发展，数字这一新的生产要素也迅速得以发展等等。全面发展的超大规模的数字市场，成为新发展阶段我国大力推动数字强国建设、融入新发展格局的显著优势。习近平总书记强调："数字技术、数字经济可以推动各类资源要素快捷流动、各类市场主体加速融合，帮助市场主体重构组织模式，实现跨界发展，打破时空限制，延伸产业链条，畅通国内外经济循环。"[1]

建设数字强国，需要激发各类人才的创新活力，建设全球人才高地。 习近平总书记在中国科学院第二十次院士大会、中

1.习近平：《不断做强做优做大我国数字经济》，载《求是》，2022年2月。

国工程院第十五次院士大会、中国科协第十次全国代表大会上的讲话中强调:"世界科技强国必须能够在全球范围内吸引人才、留住人才、用好人才。我国要实现高水平科技自立自强,归根结底要靠高水平创新人才。培养创新型人才是国家、民族长远发展的大计。"国家要育才、引才、惜才、爱才、聚才,各个社会层面都应广泛参与,形成一股合力,共同为新时代培养科技人才。

建设数字强国,还需要政府的引导和支持。政府的合理布局会更好地调动人民的积极性去建设数字强国。例如,增加数字领域的就业机会,鼓励青年人多多从事数字相关领域的工作;为科研人员创造良好的环境,完善创新成果激励政策,同时培养敢为人先的质疑精神,坚持问题导向,朝着最紧要、最迫切的问题去;充分尊重人才,加强对科研活动的科学管理和服务保障。

十四亿人的力量是我们建设数字强国的巨大优势。建设数字强国,我们更要充分发挥人口优势,发挥集中力量办大事的优势,聚焦重点产业、基础软件、基础技术和关键领域,突破核心技术,加快数字化场景拓展,加快应用融合。以巨大的市场优势促进发展,以深度的应用融合改变生活。

四、迈向数字新征程的康庄大道

2020年,突如其来的新冠肺炎疫情在世界范围内蔓延,世界经济陷入低谷,全球治理体系发生深刻复杂变化。中国在取得抗击新冠肺炎疫情重大战略成果的同时,紧紧抓住信息革命的历史机遇,将建设数字中国作为新时代国家信息化发展的总体战略，有力推进核心技术、产业生态、数字经济、数字社会、数字政府建设，深入开展数字领域国际合作，充分利用数字技术抗击新冠疫情、助力脱贫攻坚，保障社会运行，让人民群众在信息化发展中有更多获得感幸福感安全感，为实现脱贫攻坚圆满收官、开启全面建设社会主义现代化国家新征程、向第二个百年奋斗目标进军提供强大数字动力。[1]

"十四五"时期是我国开启全面建设社会主义现代化国家新征程、迈向第二个百年奋斗目标的开启阶段，同时也是数字中国建设迈向康庄大道的新起点。在国务院2022年1月12日印发的《"十四五"数字经济发展规划》中，对我国数字经济、数字化发展绘就了清晰明确的路线图。到2025年，数字经济核心产业增加值占国内生产总值比重达到10%，数字化创新引领发展能力大幅提升，智能化水平明显增强，数字技术与实体经济融合取得显著成效，数字经济治理体系更加完善，我国数字经济竞争力和影响力稳步提升。其中，数据要素市场体系初步建立，产业数字化转型迈上新台阶，数字产业化水平显著提升，数字化公共服务更加普惠均等，数字经济治理体系更加完善。展望2035年，力争形成统一公平、竞争有序、成熟完备的数字经济现代市场体系，数字经济发展水平位居世界前列。

凡是过往，皆为序章。站在新的历史起点上，我们面对

1.参见2021年4月25日中华人民共和国国家互联网信息办公室发布的《数字中国建设发展报告（2020年）》。

的既有千载难逢的机遇，也有波谲云诡的复杂环境。新一轮科技革命和产业革命带来前所未有的激烈竞争，新冠肺炎疫情蔓延深刻冲击世界格局和全球产业链，使国际环境变得更加错综复杂，不确定性、不稳定性大大增加。建设数字强国是一项伟大而艰巨的任务，这就更要求我们抓住机遇，迎接挑战，抓住发展的势头勇往直前，同时要对风险和挑战保持高度警惕，不打无准备之仗。

（一）坚定不移抓发展

当前我国数字经济发展已驶入快车道，发展规模不断扩大，发展势头也愈发强劲。但仍然存在着区域发展不平衡、行业发展不规范等问题，亟需深化数字经济发展方式转型，为数字产业发展注入新活力，提升数字经济治理水平，引领数字经济高质量发展。首先，坚持创新驱动发展战略，把创新摆在建设数字强国的核心位置上，集中精力攻克难关，解决"卡脖子"问题，继续加大研发项目的资金投入，鼓励、支持和引导理论创新和实践创新；其次，实施国家大数据战略，"充分发挥海量数据和丰富应用场景优势，促进数字技术与实体经济深度融合，赋能传统产业转型升级，催生新产业新业态新模式，壮大经济发展新引擎"[1]；最后，优化数字强国发展环境，不断推动数字领域深化改革，促使数字治理向科学化、精细化、精准化迈进，营造风清气正的数字发展环境，同时加大数字化人才培养力度，

1.中华人民共和国中央人民政府：《中华人民共和国国民经济和社会发展第十四个五年规划和2035年远景目标纲要》，2021年3月13日。

培养创新型、技能型劳动者队伍，共同助力数字化发展，构筑全民畅想的数字强国。

（二）强化质量促发展

正所谓"低头拉车，抬头看路"，如果只一味地低头拉车，而不学会抬头看路，那一旦走上岔路，就会偏离目的地，甚至南辕北辙。数字强国建设过程中同样需要"抬头看路"。建设数字强国需要正确方向，方向是旗帜和灵魂，绝不能在根本性问题上犯原则性错误，要坚定不移地沿着中国特色社会主义道路前进。建设数字强国需要完善制度，政策和制度不是一劳永逸的，特别是数字建设领域，必须加强顶层设计和总体布局，与时俱进地修订和完善制度，填补政策漏洞，确保建设成果，实现伟大目标。建设数字强国需要强化约束，监督保障执行，促进完善发展。加强监督管理工作，是数字强国高质量发展的重要保障。充分发挥监督部门的职能，紧紧围绕数字强国建设展开专项监督管理，防范"关键时候掉链子"的风险，促进数字强国健康有力地发展。

（三）共商共建谋发展

当今世界依然是一个你中有我、我中有你的地球村，要不断推动互利共赢的数字领域国际合作，坚持共商共建共享的治理方案，不断提高国际网络空间治理方面的话语权，使数字经济更好地服务和融入新发展格局。坚持实施更大范围、更宽领域、更深层次的对外开放，推动贸易和投资自由化、便利化，推动"数字丝绸之路""丝路电商"高质量发展，深化"一带一路"国际合作，建立多层次的全球数字合作伙伴关系。[1]不断提高数字强国的国际影响力，为世界贡献中国智慧和中国方案。

伟大的事业必须有坚强的党来领导。我们坚信，站在"两个一百年"的历史交汇点上，在党中央的坚强领导下，在亿万人民的共同努力下，加快数字化发展、建设数字中国和数字强国，一定能够为全面建成社会主义现代化强国、早日实现中华民族伟大复兴做出贡献！"我们坚信，在过去一百年赢得了伟大胜利和荣光的中国共产党和中国人民，必将在新时代新征程上赢得更加伟大的胜利和荣光！"[2]

1.参见2021年4月25日中华人民共和国国家互联网信息办公室发布的《数字中国建设发展报告（2020年）》。
2.见2021年11月11日党的十九届六中全会通过的《中共中央关于党的百年奋斗重大成就和历史经验的决议》。

后 记

继农业经济和工业经济之后，人类迈向数字经济时代。数字经济的迅速发展从根本上影响和变革人类生产方式、生活方式和思维方式，重塑全球经济结构和竞争格局。数字中国建设从数字福建启航已上升为国家战略，数字中国建设成就卓著，举世瞩目。2022年1月12日，国务院印发的《"十四五"数字经济发展规划》，对"十四五"期间我国数字经济发展和2035年我国数字经济远景目标作出明确规划，我国数字经济发展前景广阔，形势喜人。

本书在编写过程中，刘儒和拓巍峰对全书的研究思路、写作方法、主要内容进行了整体设计，参与了部分章节初稿的撰写、讨论，并承担了全书的审稿和定稿工作。参与本书初稿撰写和修改工作的有：黄雪松（第一章）、向潇璇（第二章）、王雪涯（第三章）、顾霖（第四章）、何莉（第五章）、吴芳（第六章）、黄敬雅（第七章）、马昕瑜（第八章）。另外，参加本书编写组织工作和后期统稿工作的有王舒傲、韩丹丹和黄雪松。

本书在编写过程中参考和借鉴了学界同行的成果和观点，同时本书的编写和出版得到了中国青年出版社等有关单位的大力支持，在此致以衷心感谢。

由于编者水平所限和时间仓促，本书在资料搜集、语言表达、内容编排等方面难免存在不足和欠缺，敬请学界同仁和广大读者批评指正！

编者

2022年1月

图书在版编目（CIP）数据

建设数字中国 / 刘儒，拓巍峰主编. —北京：中国青年出版社，2022.5
ISBN 978-7-5153-6623-4

Ⅰ. ①建…　Ⅱ. ①刘…②拓…　Ⅲ. ①信息经济－经济发展－研究－中国
Ⅳ. ①F492.3

中国版本图书馆CIP数据核字（2022）第059795号

"问道·强国之路"丛书
《建设数字中国》
主　　编　刘儒　拓巍峰

责任编辑　岳虹
出版发行　中国青年出版社
社　　址　北京市东城区东四十二条21号（邮政编码　100708）
网　　址　www.cyp.com.cn
编辑中心　010-57350401
营销中心　010-57350370
经　　销　新华书店
印　　刷　北京中科印刷有限公司
规　　格　710×1000mm　1/16
印　　张　13.75
字　　数　125千字
版　　次　2022年9月北京第1版
印　　次　2022年9月北京第1次印刷
定　　价　36.00元

本图书如有印装质量问题，请凭购书发票与质检部联系调换。电话：010-57350337